Das Produkt

Das Produkt

Text: Filip Verheyden | Fotos: Tony Le Duc

HOMARUS KOCHBUCHVERLAG

Hummer,
Homarus gammarus

Das Produkt

Nach „Die Basis" kommt „Das Produkt". Die Basis enthielt 150 Zubereitungstechniken und Rezepte, die jeder Amateurkoch kennen muss und auf denen die Küche aufbauen kann. Mit diesem zweiten Band einer Trilogie machen wir den nächsten Schritt.
Wir gehen vom Produkt, von der Zutat aus und beschreiben die Zubereitung oder „Behandlung", die unserer Ansicht nach am besten geeignet ist, um den Geschmack des Produktes so gut wie möglich zur Geltung zu bringen. Wie bereitet man Rotkohl zu? Was macht man mit Tomate, Rübe, Rote Bete, Endivie? Wie brät man ein Steak, das blau, blutig oder gut durch sein soll? Wie schält man eine Avocado, ohne sie zu beschädigen? Wie brät man eine Seezunge? Wie kratzt man das Mark aus einer Vanilleschote?
Neben den alltäglichen Produkten beschäftigen wir uns mit eher gastronomischen Ingredienzien. Gänseleber, Kalbsbries, Jakobsmuscheln, Steinbutt usw. Aber wir sprechen auch über weniger bekannte Zutaten: Wie verwendet man am besten Zitronengras oder Tonkabohnen, was ist Wasabi und was macht man mit Kombu?
In diesem Buch findet der Leser 145 Produkte und ihre „beste" Zubereitungsart. Anstelle eines einfachen Produktregisters am Ende des Buchs gibt es zusätzlich von jeder Zutat ein Foto. Wer nicht unbedingt weiß, wie ein Produkt aussieht, kann sich in dieser Fotogalerie informieren.

Filip Verheyden und Tony Le Duc

Inhalt

Morchel

Für 4 Personen: 200 g frische Morcheln, Butter, 3 dl Sahne, Pfeffer und Salz

Morcheln säubern, Stielenden abschneiden und darauf achten, dass sich in den hohlen Stielen oder den Lamellen keine Schmutzpartikel befinden. Die Pilze kurz (rund 4 Min.) und auf hoher Flamme in Butter anbraten, regelmäßig schwenken. Sahne zum Kochen bringen und um die Hälfte reduzieren. Von der Flamme nehmen, Morcheln hinzufügen, pfeffern und salzen.

Tipp

Die Morcheln müssen immer kurz gegart werden, da sie roh leicht giftig sind. Sie können sowohl gebraten als auch kurz in Butter mit etwas Geflügelfond geschmort werden. Zu Geflügel oder Plattfisch servieren.

Champignon

Für 4 Personen: 250 g Champignons, Butter, 1 dl Geflügelfond, weißer Pfeffer und Salz, Saft einer Zitrone, 2 EL feingehackte Petersilie

Champignons säubern, Erdreste entfernen und die Stielenden abschneiden. Vierteln und in reichlich Butter bräunen. Pfeffern und salzen und mit Zitronensaft und feingehackter Petersilie abschmecken.

Sommermöhre

Für 4 Personen: 1 Bund Sommermöhren mit Grün, Butter, 1 Lorbeerblatt, weißer Pfeffer und Salz, 4 fein geschnittene Frühlingszwiebeln

Möhren schälen, die Spitzen und das Grün abschneiden. Einen Zentimeter der grünen Stiele stehen lassen, um die Frische hervorzuheben. Zum Schälen einen Sparschäler verwenden. Butter in einem Topf zerlassen, Möhren hineingeben und unter ständigem Wenden 1 Minute schmoren. Einen Schuss Wasser und ein Lorbeerblatt hinzugeben, Topf abdecken und auf niedriger Flamme dünsten. Pfeffern und salzen. Mit der Garflüssigkeit und fein geschnittenen Frühlingszwiebeln, die die Frische betonen, servieren.

Spargel

Für 4 Personen: 1 kg weißer Spargel (2 Bunde à 500 g)

Spargel mit einem Sparschäler vom Kopf zum Ende hin schälen. Enden 3 cm kürzen. Spargel in leicht gesalzenem kalten Wasser auf niedriger Flamme zum Kochen bringen. 1 Min. kochen, Flamme ausstellen und Spargel nachgaren lassen. Er ist fertig, wenn er noch Biss hat.

Tipp

Dasselbe Prinzip gilt für grünen Spargel, der jedoch schneller gar wird als weißer.

Avocado

Für 4 Personen: 2 reife Avocados

Avocado der Länge nach bis zum Kern einschneiden. Die beiden Hälften gegeneinander drehen. Mit einem Messer in den Kern stechen und aus der Hälfte herausheben. Mit den Fingern die Haut der Avocado stückweise abziehen. So bleibt das Äußere der Frucht unversehrt und zeigt keine Schnittspuren, wie sie beispielsweise bei einem Kartoffelmesser entstünden.

Erbse

Für 4 Personen: 300 g erntefrische Erbsen, Butter, 4 Frühlingszwiebeln, 6 Blätter frische Minze, weißer Pfeffer und Salz

Leicht gesalzenes Wasser zum Kochen bringen und die Erbsen darin rund 1,5 Min. blanchieren. Abgießen und abtropfen lassen. Butter in einem Topf zerlassen und Erbsen kurz anschmoren. Frühlingszwiebeln (siehe S. 30) und Minze feinhacken und vorsichtig unter die Erbsen rühren. Salzen und pfeffern.

Tipp

Die ersten jungen, erntefrischen Erbsen der Saison brauchen nicht einmal blanchiert zu werden. Sie können kurz in geschmolzener Butter gegart werden. Frühlingszwiebeln und Minze verstärken den frischen Frühlingscharakter.

Dicke Bohne

Für 4 Personen: 20 bis 25 Schoten der Dicken Bohne, Butter, weißer Pfeffer und Salz

Die Schoten öffnen und die Bohnen herausholen. 1 Min. in leicht gesalzenem kochenden Wasser blanchieren, abgießen und unter fließend kaltem Wasser abschrecken. Entlang der Naht die weißgrüne Haut abziehen. So kommen die grünen Bohnen zum Vorschein. Einige werden ganz bleiben, andere werden in zwei Hälften zerfallen. Butter in einem Topf zerlassen und die Bohnen darin einige Minuten dünsten, bis sie bissfest sind. Pfeffern und salzen.

Zuckerschote

Für 4 Personen: 250 g Zuckerschoten, Butter, weißer Pfeffer und Salz

Die Zuckerschoten unter fließend kaltem Wasser abspülen. Leicht gesalzenes Wasser zum Kochen bringen und Zuckerschoten darin 2 Min. blanchieren. Vom Feuer nehmen, sofort abgießen und unter fließend kaltem Wasser abschrecken. Gut abtropfen lassen. Auf niedriger Flamme Butter in einem Topf zerlassen. Die Zuckerschoten hineingeben und langsam erhitzen. Pfeffern, salzen und vorsichtig umrühren.

Tipp

Das Abschrecken unter fließend kaltem Wasser ist ein Muss beim Blanchieren. Durch das schnelle Abkühlen wird der Garprozess schlagartig beendet. Die Zutaten bleiben knackig. Blanchiertes Gemüse ist nicht mehr roh, schmeckt aber knackig und frisch.

Austernseitling

Für 4 Personen: 300 g Austernseitlinge, Butter, weißer oder schwarzer Pfeffer und Salz

Die etwas gummiartigen Enden der Pilze gegebenenfalls abschneiden. Reichlich Butter in einer Pfanne zerlassen, bis sie schäumt, aber nicht bräunt. Austernseitlinge hinzugeben. Auf hoher Flamme in rund 2 Min. anbraten. Regelmäßig umrühren. Die Pilze dürfen nicht weich werden. Sie müssen innen fest und außen kross sein. Pfeffern und salzen.

Tipp

Immer die schönsten und unversehrtesten Pilze aussuchen. Austernseitlinge reißen schnell an den Rändern ein. Dadurch verlieren sie zwar nicht an Qualität, halten sich jedoch nicht so lange im Kühlschrank.

Queller

Für 4 Personen: 1 Bund Queller

Eventuelle Unreinheiten entfernen und Queller unter fließend kaltem Wasser abspülen. Wasser zum Kochen bringen und Queller darin 1,5 Min. blanchieren. Vorsichtig abgießen, abtropfen lassen und zu Meeresfisch, Hummer (siehe S. 162) oder Langustinen (siehe S. 144, 146) servieren.

Tipp

Queller wächst an den Küsten des Atlantiks und des Pazifiks sowie der Nordsee und ist nur einige Monate im Jahr erhältlich. Er wird von Mitte Mai bis zur Mitte des Sommers geerntet. Beim Blanchieren muss kein Salz hinzugefügt werden, da der Queller von Natur aus ausreichend Salz enthält.

Frühlingszwiebel

Für 4 Personen: 1/2 Bund Frühlingszwiebeln

Die Wurzelenden der Frühlingszwiebeln abschneiden und gegebenenfalls das äußere Blatt entfernen. Das obere grüne Ende kappen. Nun die Frühlingszwiebeln schräg in 2 bis 3 cm große Stücke schneiden. Am unteren Ende beginnen und bis zur Hälfte des grünen Teils schneiden. Der weiße Teil ist am aromatischsten. Der grüne Teil ist bitterer und weicher. Frühlingszwiebeln eignen sich als rohe Zutat für Salate.

Senfkohl

Für 4 Personen: 4 Stück Senfkohl, Butter, Pfeffer und Salz, gegebenenfalls Sojasauce

Unschöne Stellen entfernen und Senfkohl unter fließend kaltem Wasser abspülen. Senfkohl halbieren. Butter in einem Topf zerlassen, Senfkohl hineingeben und auf niedriger Flamme garen. Nach 2 Min. mit Wasser ablöschen. Pfeffern und salzen. Gegebenenfalls mit Sojasauce abschmecken.

Okra

Für 4 Personen: 250 g Okras, Butter, Pfeffer und Salz

Okras unter fließend kaltem Wasser abspülen. Die etwas härteren Enden mit einem Kartoffelmesser abschneiden. Okras 2 Min. in leicht gesalzenem kochenden Wasser blanchieren. Abgießen, unter fließend kaltem Wasser abschrecken und gut abtropfen lassen. Butter in einer Pfanne zerlassen und die Okras auf höchster Flamme kurz anbraten. Pfeffern und salzen.

Tipp

Die Feuchtigkeit im Innern der Okra wird bei zu langem Garen schleimig. Das Ergebnis ist dann ziemlich glibberig. Durch das kurze Blanchieren und Andünsten in Butter werden die Okras gar, bleiben aber fest. Sie passen zu Schmortöpfen und Couscousgerichten.

Chinakohl

Für 4 Personen: 1 Chinakohl, Butter, weißer Pfeffer und Salz

Äußere Blätter des Chinakohls entfernen und wegwerfen. Kohl mit einem großen Messer von oben nach unten in 5 mm breite Streifen schneiden. Butter in einer Pfanne oder einem Wok erhitzen, Kohl hineingeben und unter Rühren in 4 Min. auf hoher Flamme garen. Pfeffern und salzen.

Zucchini-Blüte

Für 4 Personen: 4 junge Zucchini mit Blüte, Füllung nach Wahl (Mousse von rohem Fisch, gemischtes Gehacktes usw.), Pfeffer und Salz

Die großen Zucchiniblüten nach Wunsch füllen. Das Ganze pfeffern und salzen. Die jungen Zucchini mit den gefüllten Blüten 5 Min. über kochendem Wasser garen. Vorsichtig aus dem Topf holen und darauf achten, dass die Zucchini nicht brechen. Sofort servieren.

Tipp

Die großen Zucchiniblüten eignen sich hervorragend zum Füllen. Traditionell macht man dies mit einer Fischfarce aus klein geschnittenem rohen Fisch mit Eiern und Sahne. Die junge Zucchini an der Blüte ist ein- bis anderthalbmal so dick wie ein kleiner Finger und nach dem Dünsten butterweich.

Wildspargel

Für 4 Personen: 250 g Wildspargel, 8 EL geschmolzene Butter, weißer Pfeffer und Salz

Leicht gesalzenes Wasser zum Kochen bringen. Die Enden der Spargelstangen abschneiden. Den Wildspargel 2 Min. blanchieren, abgießen und abtropfen lassen. Sofort mit geschmolzener Butter servieren. Pfeffern und salzen.

Löwenzahn

Für 4 Personen: Löwenzahn, Vinaigrette aus Haselnussöl und Himbeeressig, Pfeffer und Salz

Den Löwenzahn von der Wurzel kappen und in 10 cm lange Stücke schneiden. Mit Vinaigrette aus zwei Drittel Haselnussöl und einem Drittel Himbeeressig anrichten. Pfeffern und salzen.

Tipp

Löwenzahn ist nichts anderes als die (manchmal) hellen Blätter der „Pusteblume“. Er schmeckt leicht bittersüß.

Aubergine

Für 4 Personen: 2 Auberginen, Olivenöl, weißer Pfeffer und Salz, 1 feingehackte Knoblauchzehe

Die Aubergine der Länge nach mittendurch schneiden. Die Schnittfläche mit Olivenöl einreiben und die Aubergine rund 30 Min. in den auf 180 °C vorgeheizten Ofen geben. Aus dem Ofen holen und das Fruchtfleisch mit der braunen Kruste aus der Frucht löffeln. Mit einem Schuss Olivenöl, Pfeffer, Salz und Knoblauch zerdrücken oder pürieren. Zu Fisch oder Fleisch servieren.

Tipp

Der Geschmack von Auberginen lässt sich am besten akzentuieren und konzentrieren, wenn man Auberginenkaviar macht. Das Garen im Ofen macht den Geschmack kräftiger, unterstützt durch das Olivenöl und den Knoblauch. An „Kaviar" erinnern die Auberginenkerne, die im Püree erkennbar sind.

Paprika

Für 4 Personen: 2 rote Paprikaschoten

Die Paprika mit einem Gasbrenner schwärzen oder aber vierteln, entkernen, die weißen Scheidewände herausschneiden und die Schoten mit der Hautseite nach oben auf ein Backblech legen. Die Haut unterm Grill schwarz werden lassen. Danach die ganze bzw. die aufgeschnittene Paprika in eine Schale geben, mit Haushaltsfolie abdecken und 15 Min. nachgaren lassen. Das Fruchtfleisch wird weich und sondert Öl ab. Die verbrannte Haut mit der Hand abreiben. Danach das Fruchtfleisch in Streifen schneiden und weiterverarbeiten.

Tipp

Das Schwärzen der Haut erleichtert nicht nur das Abziehen, sondern verleiht der Paprika auch einen kernigeren Geschmack.

Sommerlauch

Für 4 Personen: 8 junge, fingerdicke Lauchstangen, Sonnenblumenöl, weißer Pfeffer und Salz

Lauch reinigen, gegebenenfalls das äußere Blatt entfernen und unter fließend kaltem Wasser abspülen. Den grünen Teil zirka 5 cm über dem weißen Teil abschneiden. Die Stangen leicht mit Sonnenblumenöl einstreichen und kurz auf einer heißen Grillplatte grillen. Pfeffern und salzen. Zu Meeresfrüchten oder hellem Fleisch servieren.

Tipp

Die Stangen nicht zu lange grillen, sonst werden sie schleimig. Sommerlauch darf im Innern noch bissfest sein.

Broccoli

Für 4 Personen: Broccoli, Butter, weißer Pfeffer und Salz, Muskatnuss

Die Röschen mit einem Stück Strunk aus der Broccoli lösen. In leicht gesalzenem Wasser bissfest garen und sofort unter fließend kaltem Wasser abschrecken. Reichlich Butter in einer Pfanne zerlassen, Broccoli zugeben und auf niedriger Flamme garen. Mit Pfeffer, Salz und Muskat würzen.

Salatgurke

Für 4 Personen: 1 Salatgurke, Saft einer Zitrone, weißer Pfeffer und Salz

Salatgurke schälen. Mit einem großen Messer oder einem Gurkenhobel in dünne, zirka 5 cm breite Streifen schneiden. In eine Schüssel geben, mit Zitronensaft beträufeln, pfeffern und salzen. Eine Stunde im Kühlschrank durchziehen lassen. Das Salz entzieht der Gurke Flüssigkeit und macht sie bekömmlicher. Danach zu Salat verarbeiten oder zu gebratenem oder pochiertem Fisch servieren.

Tomate

Für 4 Personen: 8 Tomaten, 4 EL Olivenöl, 2 klein geschnittene Frühlingszwiebeln, schwarzer Pfeffer und grobkörniges Salz

Reichlich Wasser zum Kochen bringen. Die Tomaten auf der Unterseite kreuzförmig einschneiden und ins kochende Wasser geben. Nach 10 bis 15 Min. aus dem Wasser nehmen und unter fließend kaltem Wasser abschrecken. Die Haut wird sich an der Einschnittstelle aufrollen und kann mit den Fingern abgezogen werden.
Tomaten vierteln, Körner und weiße Scheidewände entfernen und gegebenenfalls in Streifen oder Würfel schneiden. Mit Olivenöl und Frühlingszwiebeln bestreuen. Mit schwarzem Pfeffer und grobem Salz abschmecken.

Tipp

Olivenöl und Salz verstärken den Tomatengeschmack.

Zwiebel

Für 4 Personen: 4 Zwiebeln, Butter

Die Zwiebeln schälen. 5 Min. in leicht gesalzenem, kochenden Wasser blanchieren. Abgießen und abtropfen lassen. Den Kopf der Zwiebel abschneiden und alles auf ein Backblech setzen. Butterflocken darüber streuen und im Ofen bei 160 °C langsam garen, bis die Zwiebeln innen weich sind. Regelmäßig mit der geschmolzenen Butter übergießen. Man kann die Zwiebeln auch aushöhlen und mit einer Mischung aus Rahmkäse, geraspeltem Käse, frischen Kräutern, Speck und Sahne füllen. Danach kann man sie unter dem Grill gratinieren.

Silberzwiebel

Für 4 Personen: 250 g Silberzwiebeln, Butter, 2 dl heller Fond oder Geflügelfond, 3 EL Zucker, Salz

Die Silberzwiebeln pellen. Butter in einer Pfanne zerlassen und die Zwiebelchen von allen Seiten glasig schmoren. Mit hellem Fond oder Geflügelfond aufgießen, Zucker hinzufügen und salzen. Zugedeckt auf niedriger Flamme langsam garen. Abgießen, wenn die Zwiebeln gar sind, und die Flüssigkeit auffangen. Diese bis zu sirupartiger Konsistenz einkochen und Zwiebelchen wieder hinzugeben.

Tipp

Anstelle von hellem Fond oder Geflügelfond kann man auch braunen Fond nehmen. Die Zwiebelchen und die Sauce erhalten so eine braune Färbung und einen kräftigeren Geschmack.

Blumenkohl

Für 4 Personen: 1 kleiner Blumenkohl, geschmolzene Butter, weißer Pfeffer und Salz

Die Röschen aus dem Blumenkohl lösen, leicht gesalzenes Wasser zum Kochen bringen und den Blumenkohl darin zirka 4 Min. garen. Abgießen, abtropfen lassen und mit geschmolzener Butter servieren. Leicht pfeffern und salzen.

Tipp

Immer die kleinsten Kohlköpfe auswählen. Sie sind aromatischer und haben kürzere Garzeiten. Bei sehr kleinen Blumenkohlköpfen reichen 2 Min. blanchieren aus.

Prinzessbohne

Für 4 Personen: 350 g Prinzessbohnen, Butter, 1 klein gehackte Schalotte, Bohnenkraut (gemahlen), weißer Pfeffer und Salz

Die Endstücke der Bohnen abbrechen. Bohnen 3 Min. in leicht gesalzenem kochenden Wasser blanchieren, unter fließend kaltem Wasser abschrecken und abtropfen lassen. Butter in einer Pfanne zerlassen, Schalotten glasig dünsten, Bohnen zufügen und auf niedriger Flamme garen. Die Bohnen müssen noch Biss haben. Mit Bohnenkraut, Pfeffer und Salz würzen.

Rote Bete

Für 4 Personen: 2 mittelgroße Rote Bete, ein Schuss Essig

Die Rote Bete mit einem Sparschäler schälen. In kaltem, leicht gesalzenem Wasser mit einem Schuss Essig aufsetzen und zum Kochen bringen. Hitzezufuhr verringern und rund eine Stunde sanft garen. Vom Feuer nehmen und im Sud abkühlen lassen. Dann in Scheiben oder Würfel schneiden und weiterverarbeiten.

Fenchel

Für 4 Personen: 2 Fenchelknollen, Butter, weißer Pfeffer und Salz

Den Fenchel säubern, das Grün und die ausgetrockneten Schnittstellen am oberen Ende abschneiden. Die harten Stellen am Wurzelende abschneiden. Den Fenchel von oben nach unten in 5 mm dicke Scheiben schneiden oder würfeln. Scheiben sind natürlich schöner. Butter in einem Topf zerlassen und den Fenchel auf beiden Seiten kurz andünsten, ohne dass er braun wird. Mit einem Schuss Wasser ablöschen, den Topf abdecken und den Fenchel gar dünsten. Pfeffern und salzen.

Speiserübe

Für 4 Personen: 10 bis 12 Speiserüben, Butter, eine Prise Zucker, 1 Liter Geflügelbrühe, Pfeffer und Salz

Die Rüben vierteln und die Stücke eiförmig (wie bei Schlosskartoffeln, auch „pommes châteaux“ genannt) zurechtschälen. In Butter glasig dünsten, ohne sie zu bräunen. Mit Zucker bestreuen und etwas Brühe hinzufügen. Bei halb geöffnetem Deckel gar dünsten und regelmäßig Brühe nachgeben. Mit Pfeffer und Salz würzen und mit einem Stück Butter abrunden.

Spinat

Für 4 Personen: 4 Handvoll frischer Spinat, Butter, weißer Pfeffer und Salz, Muskatnuss

Den Spinat säubern: den mittleren Faden aus den Blättern entfernen und diese unter fließend kaltem Wasser abspülen. Abtropfen lassen. Auf niedriger Flamme Butter in einem Topf zerlassen. Den Spinat hinzugeben und unter ständigem Rühren zusammenfallen lassen. Der Spinat wird dunkler und weich. Vom Feuer nehmen, wenn alle Blätter zusammengefallen sind. Mit Pfeffer, Salz und Muskat würzen. In ganzen Blättern servieren oder im Mixer pürieren.

Endivie

Für 4 Personen: 1 Endivie, Butter, 3 dl Sahne, weißer Pfeffer und Salz, Muskat

Die äußeren, meist verwelkten Blätter der Endivie entfernen und wegwerfen. Die Endivie auf eine Seite legen und mit einem großen Messer in Streifen schneiden. Logischerweise beginnt man am oberen Ende. Butter in einem Topf zerlassen, Endivienstreifen hineingeben und dünsten, bis sie zusammenfallen. Vom Feuer nehmen. Sahne zum Kochen bringen und 3 Min. reduzieren. Unter die Endivienstreifen mischen, gut umrühren, mit Pfeffer, Salz und Muskatnuss würzen.

Rote Zwiebel

Für 4 Personen: 3 rote Zwiebeln

Die Zwiebeln schälen und mit einem scharfen Messer in 5 mm dicke Ringe schneiden. Roh an Salate geben.

Tipp

Rote Zwiebeln sind wegen ihres leicht süßen Geschmacks für den rohen Verzehr besonders geeignet.

Kohlrabi

Für 4 Personen: 1 Kohlrabi

Die Stiele abschneiden und die Knolle (der Kohlrabi ist eigentlich keine Knolle, sondern eine oberirdische Verdickung des Stängels) mit einem Hobel oder einem großen scharfen Messer in hauchdünne Scheiben schneiden. Die knackigen Scheiben zum Salat geben. Man kann auch anderes rohes Gemüse oder Sprossen darin einwickeln. Solche Päckchen können dann mit einem Dip serviert werden.

Tipp

Kohlrabi sind roh besonders lecker. Man kann sie aber auch in Würfel schneiden und kurz in Butter glasig dünsten.

Spitzkohl

Für 4 Personen: 1 Spitzkohl, Butter, weißer Pfeffer und Salz

Die äußeren Blätter des Spitzkohls entfernen und wegwerfen. Den Kohl mit einem großen Messer von oben nach unten in 5 mm dicke Streifen schneiden. Butter in einem Topf zerlassen, den Kohl hineingeben und auf niedriger Flamme unter Rühren 5 bis 8 Min. gar dünsten. Pfeffern und salzen.

Grüne Bohne

Für 4 Personen: 500g grüne Bohnen, Butter, weißer Pfeffer und Salz

Die grünen Bohnen unter fließend kaltem Wasser abspülen, abtropfen lassen. Mit einem Messer oder einem Gemüsehobel in 3 mm dicke Streifen schneiden. Leicht gesalzenes Wasser zum Kochen bringen und die grünen Bohnen 5 Min. blanchieren. Abgießen, unter fließend kaltem Wasser abschrecken und gut abtropfen lassen. Butter in einem Topf zerlassen, Bohnen hineingeben und auf niedriger Flamme zirka 3 Min. gar dünsten. Pfeffern und salzen.

Meerrettich

Für 4 Personen: 1 Stück frischer Meerrettich (10 cm lang), 1 dl Sahne, Saft einer halben Zitrone, weißer Pfeffer und Salz

Den Rettich mit einem Sparschäler schälen und auf einer Raspel fein reiben. Die Sahne halbsteif schlagen und unter den fein geriebenen Meerrettich mischen. Mit Zitronensaft, Pfeffer und Salz würzen und 1 Stunde zugedeckt in den Kühlschrank stellen. Gut gekühlt servieren.

Kirschtomate

Für 4 Personen: 4 Zweige Kirschtomaten (mit 6 bis 8 Tomaten je Zweig), Olivenöl, Pfeffer und Salz

Die Kirschtomaten am Zweig in eine feuerfeste Form geben. Mit Olivenöl beträufeln, pfeffern und salzen. Bei 180 °C 12 Min. backen. Sofort servieren.

Portulak

Für 4 Personen: 1 Bund Portulak, 2 Liter Geflügelbrühe, weißer Pfeffer, Salz, 1 Teelöffel Kartoffelstärke (aufgelöst in 4 EL Wasser)

Den Portulak unter fließend kaltem Wasser abspülen und abtropfen lassen. Die Geflügelbrühe zum Kochen bringen und den Portulak hineingeben. In 5 Min. gar kochen und dann pürieren. Pfeffern, salzen und die Suppe leicht mit der in etwas Wasser gelösten Kartoffelstärke binden.

Tipp

Portulak wird nicht nur als Suppe geschätzt, er kann auch roh in Salaten verwendet werden.

Steinpilz

Für 4 Personen: 250 g Steinpilze, Butter, Pfeffer und Salz

Pilze sauber bürsten und die Endstücke abschneiden. Der Länge nach in 5 bis 6 mm dicke Scheiben schneiden. Reichlich Butter in einer Pfanne zerlassen und die Pilze von beiden Seiten 1 Min. auf hoher Flamme schmoren. Pfeffern, salzen und sofort servieren.

Tipp

Steinpilze nehmen beim Schmoren einen ausgesprochen nussigen und buttrigen Geschmack an.

Mais

Für 4 Personen: 4 Maiskolben, geschmolzene Butter, weißer Pfeffer und Salz

Blätter und Heu vom Maiskolben entfernen. Leicht gesalzenes Wasser zum Kochen bringen und Mais hineingeben. Sachte garen, bis die Maiskörner ganz weich sind. Das kann gut 45 Min. bis eine Stunde dauern. Aus dem Topf nehmen und gut abtropfen lassen. Reichlich Butter darüber gießen, pfeffern und salzen.

Tipp

Maiskolben werden beim Grillen außen häufig schwarz, bleiben innen jedoch roh und hart. Für ein Barbecue empfiehlt sich, sie erst gar zu kochen und abkühlen zu lassen.

Knoblauch

Für 4 Personen: 4 mittelgroße Knoblauchknollen

Die äußerste, trockene Haut der Knoblauchknollen entfernen. Knollen in eine feuerfeste Form geben und mit Olivenöl beträufeln. Bei 180 °C im Ofen 20 bis 30 Min. backen. Die ganzen Knollen servieren, die einzelnen Zehen lassen sich mit der Gabel ausdrücken. Das Fruchtfleisch soll weich sein. Der Geschmack ist leicht sahnig, ohne das typische Knoblaucharoma zu verlieren.

Bleichsellerie

Für 4 Personen: 1 Bleichsellerie, Butter, weißer Pfeffer und Salz

Die Stängel des Selleries auseinanderschneiden und alle Unreinheiten und braunen Stellen entfernen. Stängel mit einem Kartoffelmesser schälen, d.h. die harten Fäden weitestmöglich abziehen. Dann in 1 cm dicke Stücke schneiden.
Butter in einem Topf zerlassen und Selleriestücke dazugeben. Kurz und ohne zu bräunen braten und einen Schuss Wasser hinzufügen. Pfeffern, salzen, abdecken und 15 Min. sachte schmoren lassen.

Tipp

Diese einfache Zubereitungsart bringt den aromatischen, delikaten Charakter des Bleichselleries am besten zur Geltung.

Rotkohl

Für 4 Personen: 1/2 Rotkohl, Butter, 1 kleine feingehackte Zwiebel, 3 EL weißer Essig, Kräuterbund (3 Petersilienstängel, 1 Zweig Thymian und 2 Lorbeerblätter, zusammengebunden mit Küchengarn), Pfeffer und Salz, 1 Kochapfel (z.B. Boskop), 2 EL Zucker

Den Kohl in 1 cm breite Streifen schneiden. In Butter mit der feingehackten Zwiebel dünsten und mit einem Schuss Wasser ablöschen. Essig und Kräuterbund dazugeben, pfeffern und salzen. Abdecken und 1 Stunde auf niedriger Flamme garen. Apfel schälen und in Würfel schneiden. Mit dem Zucker an den Kohl geben, wenn dieser dreiviertel gar ist (nach rund 1 Stunde). Langsam weitergaren.

Tipp

Der Essig macht die tiefrote Farbe des Kohls heller und appetitlicher. Rotkohl wird fast immer auf diese Art zubereitet. In rohem Zustand ist lediglich der ganz junge Sommerrotkohl genießbar. Meist wird dieser in Öl und Zitronensaft oder Essig mariniert und als Salat zubereitet.

Weißkohl

Für 4 Personen: 1/2 Weißkohl, Butter, weißer Pfeffer und Salz

Weißkohl in rund 5 mm breite Streifen schneiden. Butter auf niedriger Flamme zerlassen und Kohl hineingeben. Umrühren und nach 2 Min. mit einem Schuss Wasser ablöschen. Abdecken und den Kohl auf niedriger Flamme langsam garen. Gegebenenfalls noch etwas Butter und Wasser hinzufügen. Pfeffern und salzen.

Tipp

Weißkohl schmeckt milder als Rotkohl und braucht keine kräftige Würze wie Essig, Kräuterbund, Zwiebel und Apfel. Die Butter bringt den eigentlichen Kohlgeschmack zur Geltung. Zur Abrundung eignet sich getrennt gebratener Räucherspeck.

Schwarzwurzel

Für 4 Personen: 500 g Schwarzwurzeln, Salz, 1 Lorbeerblatt
Für die Bechamelsauce: 5 dl Vollmilch, rund 200 g kalte Mehlschwitze, weißer Pfeffer und Salz, Muskatnuss

Die Schwarzwurzeln unter fließend kaltem Wasser waschen und von Erde reinigen. Mit einem Sparschäler schälen und sofort in kaltes Wasser legen. So werden sie nicht braun. Dicke Schwarzwurzeln der Länge nach halbieren und danach alles in 5 cm große Stücke schneiden. Leicht gesalzenes Wasser mit einem Lorbeerblatt zum Kochen bringen und die Schwarzwurzelstücke hineingeben. Gar kochen.
In der Zwischenzeit kann die Bechamelsauce zubereitet werden. Die Milch zum Kochen bringen. Die Mehlschwitze hinzufügen, Hitze reduzieren, damit sich die Mehlschwitze auflösen kann. Ständig rühren, bis die Sauce einzudicken beginnt. Ein paar Minuten leise köcheln lassen, damit sich der Mehlgeschmack verliert. Durch ein Sieb gießen. Mit weißem Pfeffer, Salz und Muskatnuss abschmecken. Die Schwarzwurzeln abgießen, wenn sie bissfest gegart sind, und in die Sauce geben. Noch einmal mit den Gewürzen abschmecken.

Tipp

Es ist nicht erforderlich, Schwarzwurzeln mit Zitronensaft zu kochen, damit sie ihre weiße Farbe behalten. Es geht auch ohne Zitronensaft. Zitrone schmeckt im Übrigen bei der Zubereitung schnell durch.

Chicorée

Für 4 Personen: Butter, 8 Stück Chicorée, weißer Pfeffer und Salz, Saft von 1/2 Zitrone, 2 EL Zucker

Den Boden und die Seiten eines großen Topfes mit Butter einstreichen. Die gesäuberten Chicorée ganz hineingeben. Pfeffern, salzen, Zitronensaft und Zucker hinzugeben und einige Stückchen Butter darüber verteilen. Einen kleinen Schuss Wasser hinzugeben, den Topf abdecken und auf niedrige Flamme setzen. Rund 40 Min. sachte garen.

Tipp

Es ist nur wenig Wasser erforderlich, da der Chicorée beim Garen selbst Flüssigkeit abgibt.

Winterlauch

Für 4 Personen: 2 Stangen Winterlauch, 6 bis 8 EL geschmolzene Butter, weißer Pfeffer und Salz, 1 EL Zucker

Die äußeren Blätter der Lauchstangen entfernen, den grünen Teil abschneiden und die weißen Teile unter fließend kaltem Wasser abspülen. In 7 cm lange Stücke schneiden. Leicht gesalzenes Wasser zum Kochen bringen und den Lauch darin rund 2 Min. blanchieren. Abgießen und unter fließend kaltem Wasser abschrecken. Die Lauchstücke in eine feuerfeste Form legen, mit geschmolzener Butter einstreichen, Pfeffer, Salz und Zucker hinzufügen. In den 70° C warmen Ofen stellen und langsam konfieren lassen.

Tipp

Konfieren ist die einzige Zubereitungsart, bei der der dicke Winterlauch nicht fade und schleimig wird. Das Konfieren braucht lange und kann leicht eine Stunde dauern, bis der Lauch ganz weich ist.

Weiße Bohne

Für 4 Personen: 150 g getrocknete weiße Bohnen, 1 Teelöffel Natron, 1 Stängel Bleichsellerie, 1 kleine Zwiebel, Kräuterbund (3 Petersilienstängel, 1 Zweig Thymian und 2 Lorbeerblätter, zusammengebunden mit Küchengarn)

Die Bohnen eine Nacht lang in kaltem Wasser mit Natron einweichen. Abgießen. In leicht gesalzenem Wasser mit dem fein geschnittenen Bleichsellerie, der Zwiebel und dem Kräuterbund auf die Flamme stellen. Sachte zum Kochen bringen und leicht köcheln lassen. Die Bohnen müssen eher ziehen als kochen, so können sie nicht aufplatzen. Den Schaum regelmäßig abschöpfen. Je nach Größe der Bohnen nach 45 bis 60 Min. die Flamme ausstellen und die Bohnen im Kochwasser abkühlen lassen. Danach weiterverarbeiten, zum Beispiel in einer selbst zubereiteten Tomatensauce.

Tipp

Bei zu starker Hitzezufuhr platzen die Bohnen auf und verlieren ihren Geschmack. Der Topf darf während des Garvorgangs nicht zugedeckt werden. Nach 45 bis 60 Min. Hitze abstellen und die Bohnen im Kochwasser abkühlen lassen. Das kommt dem Geschmack und der Konsistenz der Bohnen zugute. Natron macht die Bohnen nicht nur bekömmlicher, sondern beschleunigt auch den Garvorgang.

Hopfensprosse

Für 4 Personen: 400 g Hopfensprossen, 4 EL Mehl, Saft von 1 Zitrone, Olivenöl

Die Hopfensprossen säubern und die harten Enden abbrechen. Das Mehl im Zitronensaft auflösen und in leicht gesalzenes Wasser geben. Einen Schuss Olivenöl hinzugeben und zum Kochen bringen. Die Hopfensprossen hineingeben und zum Kochen bringen. Sofort von der Flamme nehmen und die Hopfensprossen im Kochwasser abkühlen lassen.

Tipp

Hopfensprossen müssen vorsichtig gekocht werden. Der erdige, nussartige Geschmack muss erhalten bleiben. Sie lassen sich mit delikaten Zutaten wie Ei, weißem Fisch und eventuell auch Trüffel kombinieren. Da sie so aromatisch sind, müssen Hopfensprossen schnellstmöglich verarbeitet werden. Frisch sind sie mit dunklem Papier zugedeckt ein bis maximal zwei Tage im Kühlschrank haltbar.

Pastinake

Für 4 Personen: 3 mittelgroße Pastinaken, ein Schuss Sahne, weißer Pfeffer und Salz

Die Pastinaken mit einem Sparschäler schälen. In Würfel schneiden und in leicht gesalzenes kochendes Wasser geben. Garen, abgießen und abtropfen lassen. Mit einem Schuss Sahne pürieren. Leicht pfeffern und salzen.

Tipp

Pastinaken sind ein besonders aromatisches Gemüse, das nach dem Garen kaum noch gewürzt werden muss. Der Geschmack ist kräftig und reif und erinnert gleichzeitig an Petersilie, Muskatnuss und Honig.

Pastinake

Für 4 Personen: 2 kleine Pastinaken, Butter

Die Pastinaken nicht schälen, lediglich der Länge nach vierteln. In eine feuerfeste Form legen und einige Stückchen Butter darüber geben. In einem auf 160 °C vorgeheizten Ofen garen und regelmäßig mit der geschmolzenen Butter übergießen.

Tipp

Gebratene Pastinaken schmecken schärfer als Püree. Sie passen zu Geflügel, beispielsweise Huhn oder Perlhuhn. Püree passt besser zu Schalentieren wie Jakobsmuscheln (siehe S. 160).

Wintermöhre

Für 4 Personen: 500 g große Wintermöhren, Butter, 1 Lorbeerblatt, Pfeffer und Salz

Die Möhren mit einem Sparschäler schälen. In 3 mm dicke Scheiben schneiden. Leicht gesalzenes Wasser zum Kochen bringen und die Möhren auf mittlerer Stufe eine Dreiviertelstunde garen. Abgießen, unter fließend kaltem Wasser abschrecken und gut abtropfen lassen. Butter in einem Topf zerlassen, die Möhren und das Lorbeerblatt hineingeben und weiter garen lassen. Pfeffern und salzen.

Topinambur

Für 4 Personen: 8 Topinambur oder Erdbirnen, weißer Pfeffer und Salz

Die Topinambur schälen und in gleich große Stücke schneiden. Leicht gesalzenes Wasser zum Kochen bringen und die Topinambur hineingeben. Gar kochen. Abgießen, abtropfen lassen und mit einer Gabel zerdrücken oder mit einem Mixer pürieren. Leicht pfeffern und salzen. Eventuell kann das Püree mit einem Schuss Sahne und einem Stück Butter verfeinert werden.

Tipp

Topinambur oder Erdbirnen haben einen aromatischen, nussigen Geschmack, der durch das Kochen intensiver wird. Topinamburpüree passt ausgezeichnet zu Jakobsmuscheln (siehe S. 160), Hummer (siehe S. 162), Langustinen (siehe S. 144, 146) und gebratenen Steinpilzen (siehe S. 88).

Wirsing

Für 4 Personen: 1/2 Wirsing, 1 Teelöffel Natron, Butter, Vollmilch, Pfeffer und Salz, Muskatnuss

Die äußeren Blätter des Wirsingkohls entfernen. Den Kohl bis zu den dicken weißen Strünken in Streifen schneiden. Leicht gesalzenes Wasser mit einem Teelöffel Natron zum Kochen bringen und den Wirsing darin garen. Abgießen und gut abtropfen lassen. Mit einem Stück Butter, einem Schuss Milch, Pfeffer, Salz und Muskatnuss pürieren.

Knollensellerie

Für 4 Personen: 1/2 Knollensellerie, 2 Kartoffeln, Butter, Sahne, weißer Pfeffer und Salz, Muskatnuss

Den Knollensellerie mit einem großen Messer schälen. Die Knolle dabei auf die Arbeitsplatte legen und von oben nach unten schneiden. Das Fruchtfleisch in Würfel schneiden. Mit den Kartoffeln ebenso verfahren. Leicht gesalzenes Wasser zum Kochen bringen, den Knollensellerie und die Kartoffeln hineingeben und garen. Abgießen, abtropfen lassen und mit dem Mixer pürieren oder durch ein Rührsieb passieren. Mit Butter, einem Schuss Sahne, Pfeffer, Salz und Muskatnuss verfeinern.

Tipp

Durch die Kartoffeln wird das Püree dicker.

Linse

Für 4 Personen: 1,5 Kaffeetassen grüne Linsen, 4 dl leichte Geflügelbrühe, Kräuterbund (3 Petersilienstängel, 1 Thymianzweig und 2 Lorbeerblätter zusammengebunden mit Küchengarn), Butter, weißer Pfeffer und Salz

Die Linsen in ein Sieb geben und unter fließend kaltem Wasser abspülen. Das Wasser mit der Geflügelbrühe zum Kochen bringen und die Linsen hineingeben. Den Kräuterbund hinzufügen. 10 bis 15 Min. lang gar kochen. Abgießen und die Linsen abtropfen lassen. In eine Schüssel geben, ein Stück Butter hinzufügen, pfeffern und salzen. Kurz umrühren.

Tipp

Passt sehr gut zu gebratener Entenleber (siehe S. 208), Kalbsbries (siehe S. 238) und anderen Innereien.

Batate

Für 4 Personen: 4 mittelgroße Bataten (Süßkartoffeln), Butter, weißer Pfeffer und Salz

Bataten mit einem Sparschäler oder einem Kartoffelmesser schälen. In rund 3 mm dicke Scheiben schneiden. Leicht gesalzenes Wasser zum Kochen bringen und die Bataten gut 5 Min. darin kochen. Abgießen, unter fließend kaltem Wasser abschrecken und gut abtropfen lassen. Butter in einer Pfanne zerlassen und die Bataten von beiden Seiten gut anbraten. Sie dürfen leicht kross sein. Pfeffern und salzen.

Tipp

Bataten oder Süßkartoffeln sind wie Kartoffeln und Erdbirnen oder Topinambur (siehe S. 116) Knollen. Die Farbe ihrer Haut ist hellbraun, die ihres Fruchtfleischs kräftig orange und vergleichbar mit der von Kürbissen. Bataten sind heutzutage in großen Supermärkten leicht zu bekommen. Sie passen gut zu Geflügel und weißem Fleisch.

Kichererbse

Für 4 Personen: 250 g getrocknete Kichererbsen

Die Kichererbsen unter fließend kaltem Wasser abspülen und danach 1 Stunde in kaltem Wasser einweichen. Leicht gesalzenes Wasser zum Kochen bringen und die Kichererbsen darin gut 2,5 Stunden kochen. Abgießen und weiterverarbeiten.

Quinoa

Für 4 Personen: 3 kleine Kaffeetassen Quinoa

1 Liter leicht gesalzenes Wasser zum Kochen bringen. Quinoa hinzugeben und in 15 Min. bissfest garen. Abgießen und weiterverarbeiten.

Bulgur

Für 4 Personen: 3 kleine Kaffeetassen Bulgur

1 Liter leicht gesalzenes Wasser zum Kochen bringen. Bulgur hineingeben und in 10 Min. zu einem dicken Brei kochen. Abgießen und wie Reis weiterverarbeiten.

Tipp

Bulgur ist feingeschroteter Vollkornweizen. Er ist besonders beliebt in der vegetarischen und der veganischen Küche.

Grünkohl

Für 4 Personen: 1 kleiner Grünkohl, 1 Teelöffel Natron, 1 kleine geschälte Zwiebel, 1 geschälte Knoblauchzehe, Butter, weißer Pfeffer und Salz, Muskatnuss

Die dicken Strünke aus den Wirsingblättern herausschneiden. Die Blätter in 1 cm breite Streifen schneiden. Das Wasser mit einem Teelöffel Natron zum Kochen bringen und den Wirsing darin gut 5 Min. blanchieren. Abgießen und gut abtropfen lassen.
Die Zwiebel und den Knoblauch feinschneiden und in Butter anbraten. Den Wirsing hinzufügen, mit Pfeffer, Salz und Muskatnuss würzen und unter ständigem Rühren garen.

Tipp

Die Zugabe von Natron ins Wasser beschleunigt den Garvorgang des Wirsings und macht ihn verträglicher. Das gilt für alle Kohlsorten, die blanchiert oder gekocht werden müssen.

Petersilienwurzel

Für 4 Personen: 5 Petersilienwurzeln

Die Petersilienwurzeln unter fließend kaltem Wasser gut abspülen. Mit einem Sparschäler schälen. In 5 cm dicke Stücke schneiden und rund 15 Min. in leicht gesalzenem Wasser garen. Abgießen und pürieren.

Tipp

Petersilienwurzel ist nicht zu verwechseln mit Wurzelpetersilie, die stark der Pastinake (siehe S. 110, 112) ähnelt, aber eine hellere Farbe hat. Sowohl Petersilienwurzel als auch Wurzelpetersilie haben ein besonders kräftiges Aroma und werden daher nur in geringer Menge verwendet. Man kann sie in Suppe mitkochen oder wie hier beschrieben zu Püree verarbeiten und dann in anderen Pürees oder Saucen weiterverwenden.

Kürbis

Für 4 Personen: 1 kleiner Kürbis, 2 große Zwiebeln, Butter, 3 Liter Geflügelbrühe, Kräuterbund (3 Petersilienstängel, 1 Zweig Thymian und 2 Lorbeerblätter, zusammengebunden mit Küchengarn), Pfeffer und Salz, 4 EL Mandelstifte

Den Kürbis in acht Stücke schneiden und jedes Stück schälen. Kerne entfernen und das Fruchtfleisch in kleine Stücke schneiden. Die Zwiebeln schälen und klein schneiden. Butter in einem großen Topf zerlassen und die Zwiebeln und die Kürbisstücke unter ständigem Rühren darin anbraten. Mit Geflügelbrühe auffüllen, Kräuterbund hinzugeben und zum Kochen bringen. Die Suppe in zirka 30 Min. fertig garen. Den Kräuterbund entfernen und die Suppe im Mixer fein pürieren. Pfeffern und salzen.
Mandelstifte in einer nicht gefetteten Pfanne rösten und auf die Suppe streuen. Mit etwas Pfeffer aus der Pfeffermühle abschmecken.

Polenta

Für 4 Personen: 6 dl Wasser, 100 g Polenta, Butter

Das Wasser zum Kochen bringen und die Polenta hineingeben. Unter Rühren aufkochen, Flamme auf niedrigste Stufe stellen und 30 Min. garen lassen. Regelmäßig umrühren, damit die Polenta nicht anbrennt, und gegebenenfalls Wasser nachgeben. Ein Stück Butter unterrühren und die Polenta abkühlen lassen. Weiter regelmäßig umrühren, damit die Polenta an der Oberfläche nicht austrocknet. Kleine Kugeln aus der Polenta formen und mit einer Gabel vorsichtig eindrücken. Diese Gnocchi 5 Min. in leicht gesalzenem Wasser kochen. Abtropfen lassen und servieren.

Tipp

Polenta oder Maisgriesmehl wird viel in der italienischen Küche verwendet. Man kann sie als Püree oder wie hier beschrieben als Gnocchi servieren. Die Polenta kann gegebenenfalls auch durch die Zugabe von geriebenem Parmesankäse verfeinert werden.

Rosenkohl

Für 4 Personen: 1 Teelöffel Natron, 300 g Rosenkohl, Butter, weißer Pfeffer und Salz, Muskatnuss

Leicht gesalzenes Wasser mit Natron zum Kochen bringen und die Kohlröschen darin rund 5 Min. blanchieren. Abgießen, abtropfen und einige Zeit abkühlen lassen. Die größeren Kohlröschen halbieren. Butter in einem Topf zerlassen und die Kohlröschen kurz anbraten. Mit Pfeffer, Salz und Muskatnuss würzen.

Scampi

Für 4 Personen: 16 Scampi (oder Gambas, Tigergarnelen usw.), Butter, 1 geschälte Knoblauchzehe, Pfeffer und Salz

Die Scampi aus ihrer Schale lösen. Das erste Segment des Panzers (an dem zuvor der Kopf saß) entfernen. Das Kopfende der Scampi mit Daumen und Zeigefinger der linken Hand festhalten. Mit Daumen und Zeigefinger der rechten Hand das Schwanzstück gleichsam zudrücken und gleichzeitig den Schwanz mit dem Rest des Panzers vom Schwanzfleisch ziehen. Normalerweise wird dabei auch der Darm vom Schwanzfleisch gezogen. Das gelingt aber nicht immer. Mit einem Kartoffelmesser den Rücken der Länge nach einschneiden, bis der schwarze Darm offen liegt, und diesen herausziehen.
Butter in einer Pfanne zerlassen, die Scampi auf höchster Flamme von allen Seiten anbraten. Den Knoblauch feinhacken und zu den Scampi geben. Scampi je nach Dicke in rund 2 bis 5 Min. fertig braten: 2 Min. für die kleinsten, 5 Min. für die dicksten. Pfeffern und salzen.

Langustine

Für 4 Personen: 12 superfrische Langustinen, Olivenöl, weißer Pfeffer, grobkörniges Meersalz

Die Langustinen wie die Scampi (siehe S. 142) aus ihrem Panzer schälen. Da der Langustinenpanzer sehr hart ist, muss er zunächst vorsichtig aufgebrochen werden. Dazu die Langustine zwischen Daumen und Zeigefinger beider Hände halten und gleichsam zudrücken. Der Panzer wird oberhalb des Rückens brechen. Dann wie bei den Scampi fortfahren: Das erste Panzersegment entfernen usw.
Die Langustinenschwänze mit einem scharfen Messer der Länge nach in 3 mm dicke Scheiben schneiden. Es ist normal, dass sich keine schönen Scheiben schneiden lassen und sich das Fleisch stattdessen aufrollt. Auf Tellern anrichten. Mit Olivenöl beträufeln und leicht mit Pfeffer und grobem Meersalz würzen. Dieses Carpaccio muss sofort serviert werden.

Tipp

Langustinen sind nur selten frisch/lebend zu bekommen. Meistens werden sie unmittelbar nach dem Fang tiefgefroren. Unter „superfrisch“ verstehen wir, dass die Langustinen sofort nach dem Entfernen des Panzers verarbeitet werden. Sie verderben sehr schnell.

Langustine

Für 4 Personen: 12 superfrische Langustinen ohne Panzer (siehe S. 144)

Leicht gesalzenes Wasser erhitzen. Die Wasseroberfläche darf nur leicht wallen. Das Wasser darf nicht kochen. Langustinen hineingeben und höchstens 1,5 bis 2 Min. pochieren (dickere Exemplare können 2,5 bis 3 Min. benötigen). Mit einer Schaumkelle aus dem Topf holen, auf einem sauberen Küchentuch kurz abtropfen lassen und sofort servieren, beispielsweise als Zutat zu einem Salat oder mit einer Sauce.

Tipp

Anstatt die Langustinen in Wasser zu pochieren, kann man sie auch in der Sauce oder Suppe erhitzen, in der sie serviert werden.

Flusskrebs

Für 4 Personen: 20 lebende Flusskrebse

Wasser zum Kochen bringen. Flusskrebse hineingeben und 5 Min. kochen lassen. Aus dem Wasser holen, unter fließend kaltem Wasser abspülen und abtropfen lassen. Den Schwanzteil vom Kopf trennen und wie die Scampi aus dem Panzer lösen (siehe S. 142).

Muschel

Für 4 Personen: 2 kg gemischte Muscheln (Venusmuscheln, Herzmuscheln, Kammmuscheln usw.) oder eine einzige Sorte, Olivenöl, 1 Glas trockener Weißwein, 1 feingehackte Knoblauchzehe, weißer Pfeffer und Salz

Wasser zum Kochen bringen und die Muscheln darin gut 2 Min. blanchieren. Sie werden sich leicht öffnen und eventuell Sand ausstoßen. Sofort abgießen, unter fließend kaltem Wasser abspülen und abtropfen lassen. Das Olivenöl in einer Pfanne erhitzen, die Muscheln hineingeben und unter Rühren dünsten, bis sie sich öffnen. Mit dem trockenen Weißwein ablöschen, den feingehackten Knoblauch hinzugeben, pfeffern und salzen. Danach gegebenenfalls frisch gekochte Pasta in den Topf geben.

Miesmuschel

Für 4 Personen: 4 kg Miesmuscheln, 2 Stangen Bleichsellerie, 2 Zwiebeln, Butter, weißer Pfeffer

Die Muscheln zweimal in kaltem Wasser abspülen und den krautartigen Bart abziehen. Den Bleichsellerie und die Zwiebel in große Stücke schneiden. Etwas Butter in einem großen Topf zerlassen und den Sellerie und die Zwiebeln unter Rühren darin anbraten. Die Miesmuscheln dazugeben, großzügig mit weißem Pfeffer würzen und den Topf abdecken. 3 Min. auf hoher Flamme dünsten, bis sie sich öffnen. Die Muscheln im Topf einmal kräftig aufschütteln und 4 Min. weitergaren lassen. Die Muscheln sollen geöffnet und besonders saftig sein. Noch geschlossene Exemplare müssen entfernt werden.

Auster

Für 4 Personen: 24 bis 48 flache und/oder tiefe Austern, eventuell weißer Pfeffer

Austern isst man am besten immer noch roh. Man kann Pfeffer hinzugeben. Aber Zitronensaft ist unserer Ansicht nach nicht zu empfehlen. Zitrone dominiert sehr schnell ein Gericht und bei Austern zerstört sie den sahnigen und salzigen Geschmack unwiderruflich. Austern öffnet man immer an dem Scharnierpunkt, an dem die beiden Schalen miteinander verbunden sind. Keinesfalls aber entlang der Schalenkanten in Richtung Schließmuskel. Die Schalen sind an den Kanten viel bröseliger, sodass man die Austern zerbrechen kann. Das Austernmesser am Scharnierpunkt nach innen stechen und das Messer hin- und herrütteln. Wenn die Auster geöffnet ist, mit dem Messer vorsichtig entlang der flachen Schale den Schließmuskel durchschneiden. Die unmittelbar austretende klare Flüssigkeit ist kein Austernsaft, sondern Meerwasser, das man getrost ablaufen lassen kann. Austernsaft ist trüb. Mit dem Austernmesser löst man die Auster aus der tiefen Schale. Eventuell kann man sie nun umdrehen, die Unterseite ist nämlich schöner und gleichmäßiger. Auf Eis servieren.

Jakobsmuschel

Für 4 Personen: 12 Jakobsmuscheln (frisch, mit geschlossenen Schalen)

Jakobsmuscheln haben einen Durchmesser von 10 bis 15 cm und mehr. Sie besitzen eine tiefe und eine flache Schalenhälfte. Mit einem großen, aber ziemlich dünnen, scharfen Messer zwischen den beiden Schalenhälften solange hin- und herrütteln, bis sie sich einige Millimeter öffnen. Das Messer nach innen stechen und den dicken weißen Schließmuskel in einer einzigen Bewegung durchtrennen. Dabei das Messer gegen die flache Schale drücken. Die flache Schale abheben und entfernen.
Am Scharnierpunkt, an dem die beiden Schalenhälften aufeinander sitzen, liegt ein dickes schwarzes kugelförmiges Organ. Dieses mit den Fingern greifen und die Innereien über den weißen Schließmuskel hinweg aus der Schale ziehen. Diese Teile werden nicht verwendet. Nun sitzt nur noch der Schließmuskel in der tiefen Schalenhälfte. Diesen mit einem Esslöffel herausheben. Den Schließmuskel unter fließend kaltem Wasser abspülen und mögliche Reste von Innereien entfernen. Auch das glänzende und faserig-sehnige weiße Teilchen abschneiden, sodass nur der Muskel überbleibt. Weiterverarbeiten (siehe S. 158 und 160).

Tipp

Die besten Jakobsmuscheln kommen von der Westküste Schottlands und sind gewöhnlich von September bis Juni erhältlich.

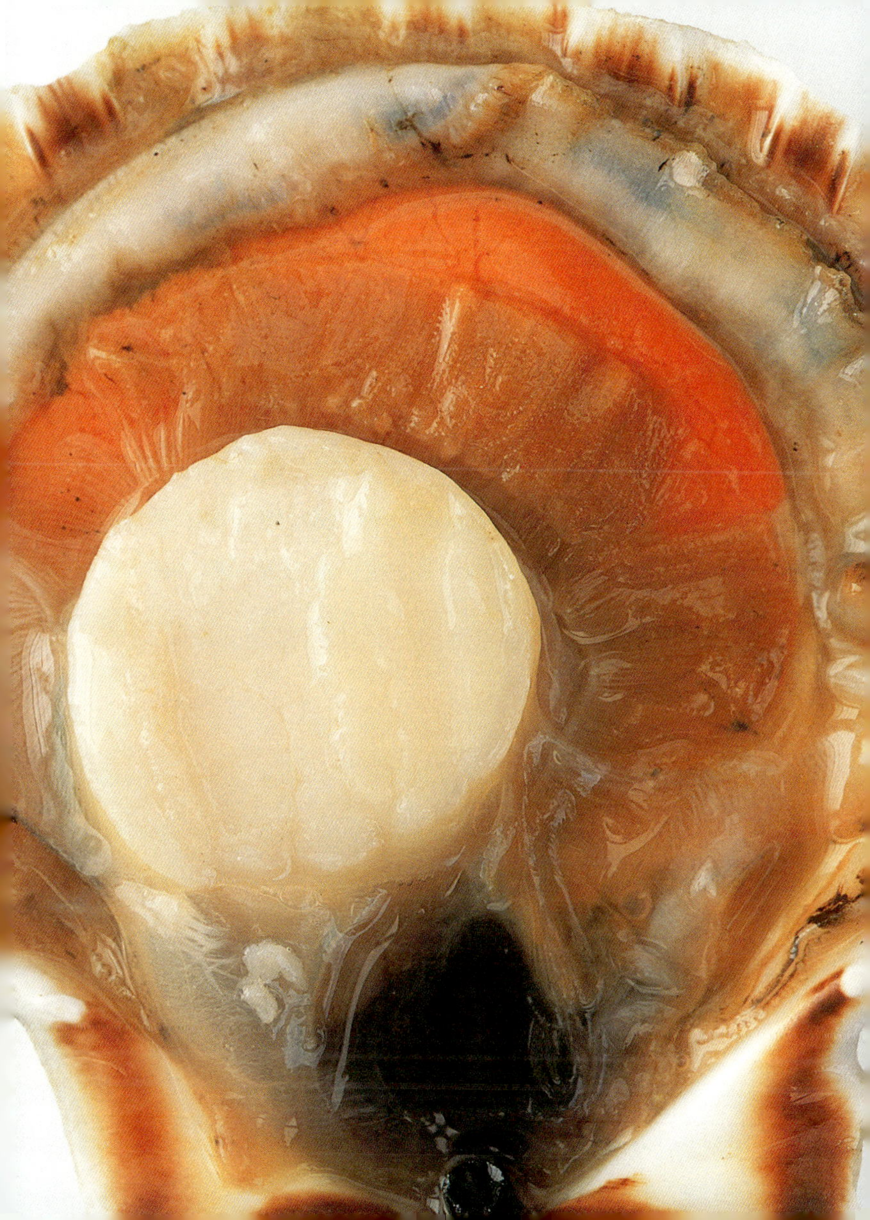

Jakobsmuschel

Für 4 Personen: 12 superfrische gesäuberte Jakobsmuscheln (siehe S. 156), Olivenöl, weißer Pfeffer, grobkörniges Meersalz

Die Jakobsmuscheln mit einem scharfen Messer der Länge nach in Scheiben von 3 bis 5 mm Dicke schneiden. Auf Tellern anrichten. Mit Olivenöl beträufeln, pfeffern und salzen. Dieses Carpaccio von Jakobsmuscheln serviert man sofort, damit der leicht süße, mineralische Geschmack voll zur Geltung kommt.

Jakobsmuschel

Für 4 Personen: ein nussgroßes Stück Butter, 12 superfrische gesäuberte Jakobsmuscheln (siehe S. 156), Pfeffer und Salz

Butter in einer Antihaft-Pfanne zerlassen. Noch besser ist, mit Hilfe von Küchenpapier die kalte Pfanne auszubuttern und gleich auf den Herd zu setzen. Um Jakobsmuscheln zu braten und den Geschmack so unverfälscht wie möglich zu halten, sollte man möglichst wenig Fett nehmen. Auf keinen Fall Öl verwenden. Es dominiert den delikaten mineralischen Geschmack der Muscheln.
Die Jakobsmuscheln in die Pfanne legen, 45 Sekunden bis 1 Min. bei hoher Hitze kräftig braten. Sie sollen schön bräunen. Mit der anderen Seite ebenso verfahren. Die Muscheln sollen innen gar und warm sein. Pfeffern und salzen.

Tipp

Je frischer die Jakobsmuscheln sind, umso faseriger wird das gegarte Fleisch. Je älter die Muscheln sind, weil sie tiefgefroren oder in Milch aufbewahrt wurden, umso mehr fallen sie zusammen. Sie verlieren ihren milchigen Saft und werden nicht mehr kross. Sie werden dann eher gedünstet, und das Ergebnis ist zäh.

Hummer

Für 4 Personen: 2 lebende Hummer zu 800 g

Legen Sie den lebenden Hummer quer vor sich auf die Arbeitsplatte. Ein großes Messer zwischen Kopf und Körper ansetzten, ganz durchstechen und in einem Zug Richtung Augen weiterschneiden. Der Hummer ist sofort tot. Nun das Schwanzstück der Länge nach durchschneiden, sodass sich zwei Hummerhälften ergeben. Mit dem Messer die beiden Vorderbeine (mit den Scheren) da abhebeln, wo sie am Panzer sitzen. Die Gummibänder von den Scheren entfernen. Die Scheren auf die Kante stellen und mit dem Messer einmal in der Mitte einschlagen. Steckt das Messer im Fleisch, drehen Sie es einmal hin- und her, damit die Schale ganz bricht. Die Scheren und die Hummerhälften auf einen heißen Grill legen und 4 Min. rösten. Die Hummerhälften mit der Fleischseite nach unten wenden und 5 Min. rösten. Vom Rost nehmen. Die Scheren regelmäßig umdrehen und noch 5 Min. weiterrösten. Sofort servieren.

Königskrabbe

Für 4 Personen: 1 tiefgefrorenes Bein einer Königskrabbe

Das vorgekochte und tiefgefrorene Krabbenbein 8 Min. über kochendem Wasser in einem Dampftopf auftauen. Dann das Bein der Länge nach in zwei Hälften schneiden und das Fleisch herausholen. Kalt oder warm weiterverarbeiten.

Tipp

Die riesige Königskrabbe wird normalerweise in der Barentsee gefangen und gilt als teure Delikatesse. Ein Bein von rund 30 bis 35 cm Länge kostet leicht 15 Euro.

Krabbe

Für 4 Personen: 4 lebende braune Krabben

Wasser zum Kochen bringen und die lebenden Krabben hineingeben. Topf abdecken und 10 Min. kochen lassen. Die Krabben aus dem Topf holen und in kaltem Wasser abkühlen lassen. Mit einem Messer hinter das Schwanzstück an der Unterseite der Krabbe in den Panzer stechen und das Schwanzstück mit den kleinen Beinen auslösen. Das Fleisch aus der Krabbe schälen und das Panzerinnere komplett säubern. Das Krabbenfleisch aus dem Körper entnehmen. Es ergibt nicht viel, das meiste Fleisch sitzt in den Scheren. Das gesamte Fleisch wieder in den Krabbenpanzer füllen (wie auf dem Foto) und mit Mayonnaise servieren oder als Krabbensalat zubereiten.

Plattfisch filetieren

Für 4 Filets: 1 Plattfisch (Seezunge, Glattbutt (Foto), Steinbutt, Scholle usw.)

Den Plattfisch mit der dunklen Seite nach oben legen. Die Bauchseite ist immer weiß. Den Kopf gleich hinter der Kopfflosse abschneiden. Mit den Fingern die Mittelgräte ertasten, die entlang des mitten auf dem Fisch befindlichen Streifens verläuft. Den Fisch mit einem scharfen Messer gleich neben der Mittelgräte bis zu den Gräten einschneiden. Den Schnitt vom Kopfende über die gesamte Länge des Fisches bis zum Schwanz führen. Dann das Fleisch horizontal gegen die Gräten in Richtung Seitenflossen abschneiden. Bei den übrigen drei Filets genauso verfahren. Man erhält so vier längliche Filets mit Haut. Die Filets nun mit der Haut nach unten und dem Schwanzstück nach vorne vor sich auf die Arbeitsplatte legen. Das Fleisch am Schwanzstück bis auf die Haut einschneiden. Das Messer flach an diesem Schnitt ansetzen und die Haut mit Daumen, Zeige- und Mittelfinger der freien Hand festhalten. Das Messer fest an seinem Platz halten und nun die Haut durch Hin- und Herbewegen auf sich zu ziehen. So löst man die Haut von den Filets, ohne wertvolles Fleisch zu verlieren. Die Filets können nun weiterverarbeitet werden.

Rundfisch filetieren

Für 2 große Filets: 1 Rundfisch (Lachs (Foto), Wittling, Kabeljau, Schellfisch usw.)

Gleich hinter der Kopfflosse den Kopf des Fisches abschneiden. Legen Sie den Rundfisch der Länge nach vor sich auf die Arbeitsfläche mit dem Schwanz nach vorne. Den Fisch genau oberhalb der Rückenflosse über die gesamte Länge einschneiden. Nun erst den gesamten Fisch von oben nach unten durchschneiden. Das oben liegende Filet ablösen. Den Fisch mit der Mittelgräte nach unten umdrehen und noch einmal wie beschrieben verfahren. So erhält man zwei große längliche Filets. Jetzt mit einer Pinzette die restlichen Gräten aus dem Fleisch ziehen. Die Filets mit der Haut nach unten der Länge nach und mit dem Schwanz nach vorne auf die Arbeitsplatte legen. Das Fleisch am Schwanzstück bis auf die Haut einschneiden. Das Messer flach an diesem Schnitt ansetzen und die Haut mit Daumen, Zeige- und Mittelfinger der freien Hand festhalten. Das Messer fest an seinem Platz halten und nun die Haut durch Hin- und Herbewegen auf sich zu ziehen. So löst man die Haut von den Filets, ohne wertvolles Fleisch zu verlieren. Die Filets können nun weiterverarbeitet werden.

Meerbarbe

Für 4 Personen: 4 Meerbarben (ausgenommen), Olivenöl, Pfeffer und Salz

Die Meerbarbe mit Olivenöl einstreichen. Beide Seiten pfeffern und salzen und auf den heißen Grill legen. Jede Seite zweimal 2 Min. rösten. Sofort servieren.

Tipp

Den Fisch nicht schuppen. Die Schuppen schützen das zarte Fleisch vor dem Anbrennen. Auf dem Teller lassen sich die Schuppen leicht mit einer Gabel vom Fleisch entfernen.

Seebarsch

Für 4 Personen: 1 großes Seebarschfilet von 850 g (siehe Rundfisch filetieren, S. 170), Butter, Olivenöl, Pfeffer und Salz

Das Seebarschfilet in vier Stücke schneiden. Die Hälfte der Butter und des Olivenöls in einer Pfanne erhitzen und die Flamme kleinstellen. Den Fisch zunächst auf die hautlose Seite hineinlegen und 3 Min. auf niedriger Flamme braten. Die Filets umdrehen und nun 3 Min. auf der Hautseite braten. Pfeffern und salzen.

Tipp

Werden die Filets erst auf der Hautseite gebraten, ziehen sie sich zusammen und braten nicht schön aus. Gegebenenfalls die Haut schräg einschneiden. So rollt sich das Filet nicht ein, und der Fisch kann auch zunächst auf der Hautseite gegart werden.

Forelle

Für 4 Personen: Butter, 4 bratfertige Forellen, weißer Pfeffer und Salz

Butter in einer Antihaft-Pfanne zerlassen und die Forellen 5 Min. lang auf jeder Seite bei mittlerer Hitze braten. Regelmäßig mit der Bratflüssigkeit übergießen. Pfeffern und salzen und sofort servieren. Dazu schmeckt Tatarsauce oder Sauce Choron (tomatenhaltige Bernaise).

Tipp

Forelle kann auch gegrillt werden, das Fleisch fällt jedoch schnell auseinander.

Seeteufel

Für 4 Personen: 1 Seeteufelstück von 650 g (mit Mittelknorpel), Butter, weißer Pfeffer und Salz

Zunächst die schwarze schleimige Haut weitestmöglich vom Fleisch trennen. Dann das undurchsichtige, dicke Vlies, von dem das Fleisch umhüllt ist, einschneiden. Zwischen Daumen, Zeige- und Mittelfinger der einen Hand festhalten und das Messer horizontal in die Schnittstelle setzen. Die Haut mit einer Hin- und Herbewegung abziehen, während das Messer an seinem Platz gehalten wird (siehe auch Plattfisch filetieren, S. 168). Dies an allen Seiten des Seeteufelfilets wiederholen.
Reichlich Butter in einer Pfanne zerlassen und das Seeteufelstück darin von allen Seiten anbraten. Pfeffern und salzen. Die Pfanne in einen auf 180 °C vorgeheizten Ofen stellen und den Seeteufel 20 Min. weitergaren. Regelmäßig mit dem Bratensaft übergießen. Aus dem Ofen holen und das Fleisch vom Mittelknorpel schneiden. Sofort servieren.

Kalmar

Für 4 Personen: 8 kleine Kalmare, Füllung nach Wahl, Holzspießchen, Butter, weißer Pfeffer und Salz

Den Kopf mit einem Teil der Innereien und dem Tintenbeutel aus dem Körper oder „Mantel“ ziehen. Den Mantel unter fließend kaltes Wasser halten und alle rotbraunen Hautteile sowie die beiden pfeilartigen Schwimmhäute abziehen. Übrig bleibt eine schneeweiße trichterförmige Mantelhülle. Nun mit Daumen, Zeige- und Mittelfinger die Mantelhülle weiter leeren. Zu entfernen sind der Skelettpfeil, der wie eine Feder aus durchsichtigem Plastik aussieht, und die restlichen Innereien. Unter fließend kaltem Wasser gut abspülen und abtropfen lassen. Dafür sorgen, dass sich die Mantelhülle an der Außenseite schön glatt anfühlt. Nun eine beliebige Füllung hineingeben und die Hülle mit einem Holzspießchen verschließen. 3 Min. lang von allen Seiten in Butter braten. Pfeffern und salzen. Sofort - gegebenenfalls mit dem Bratensaft - servieren.

Tipp

Für die Füllung bieten sich verschiedene feingehackte Zutaten an: Kräuter, Fisch, Semmelbrösel und zur Abrundung Sauce, Tapenade oder Pesto. Den Möglichkeiten sind keine Grenzen gesetzt.
Ist der Kalmar superfrisch, benötigt er nur eine besonders kurze Garzeit. Berücksichtigt man dies nicht, wird er zäh und gummiartig.

Kalmar

Für 4 Personen: 4 ausgenommene Kalmare (siehe S. 180), 1 kleine Kaffeetasse Mehl mit Backpulver, 2,5 dl eiskaltes Sprudelwasser, Frittieröl (160 °C)

Die ausgenommene Mantelhülle in 7 mm breite Ringe schneiden. Das mit Backpulver versetzte Mehl mit dem Sprudelwasser aufschlagen, die Kalmarringe darin wenden, leicht abtropfen lassen und dann im heißen Frittierfett einige Sekunden goldbraun ausbacken. Mit Tatar- oder Cocktailsauce anrichten.

Thunfisch

Für 4 Personen: 1 Stück superfrisches Thunfischfilet zu 350 g, eventuell Olivenöl, Sojasauce und weißer Pfeffer

Das Thunfischfilet quer zur Fleischfaser in 5 bis 8 mm dicke Stücke schneiden. Dieses Carpaccio auf Tellern anrichten, gegebenenfalls mit Olivenöl, Sojasauce und weißem Pfeffer würzen.

Tipp

Beim Schneiden von rohem Thunfisch ist es wichtig, quer zur Fleischstruktur zu schneiden. So vermeidet man ein Ausreißen an eher sehnigen Stücken (mit festen weißen Sehnen, die vor allem am Schwanzende sitzen) und erhält schöne Scheiben. Es sollte nur das sehnenfreie Kopfstück des Fisches verwendet werden. Die sehnigen Stücke sind eigentlich Abfall.

Thunfisch

Für 4 Personen: Butter, Olivenöl, 1 Stück superfrisches Thunfischfilet (vom Kopfstück) zu 600 g, weißer Pfeffer und Salz

Die Hälfte der Butter und des Olivenöls in einer Pfanne erhitzen. Das Thunfischfilet von allen Seiten mit Ausnahme der Vorder- und der Rückseite darin anbraten. Das Fleisch an jeder Seite rund 5 mm tief garen. Pfeffern, salzen und aufschneiden. Dieses „Roastbeef" vom Thunfisch sofort servieren.

Tipp

Nichts ist so unappetitlich wie ein weiß durchgebratenes Stück Thunfisch. Der feine Geschmack geht dabei völlig verloren. Thunfisch muss im Innern stets roh sein, unabhängig davon, ob er kalt oder warm gegessen wird.

Lachs

Für 4 Personen: 4 Lachsfilets zu je 120 g

Leicht gesalzenes Wasser zum Kochen bringen und die Hitzezufuhr verringern. Die Wasseroberfläche darf noch leicht wallen. Das Lachsfilet hineingeben und 5 Min. lang gar ziehen lassen. Mit einer Schaumkelle aus dem Wasser holen und kalt oder warm servieren. Der Lachs darf nicht ganz trocken sein, er muss auf den Punkt gegart werden. So bleibt er am aromatischsten.

Lachs

Für 4 Personen: Butter, 4 Lachsfilets zu 120 g (mit geschuppter Haut), weißer Pfeffer und Salz

Butter in einer Pfanne zerlassen. Flamme niedriger stellen und die Lachsfilets mit der Hautseite nach unten in die Pfanne legen. Pfeffern und salzen. Zugedeckt auf niedriger Flamme halb gar braten. Die Hitze soll von unten nach oben in den Lachs ziehen und das Fleisch sanft garen. An der Oberfläche soll es warm, aber noch roh sein. Die Haut soll dunkel verkrusten und ist nicht zum Verzehr gedacht.

Seezunge

Für 4 Personen: Butter, 4 Seezungen ohne Haut zu 250 g, weißer Pfeffer und Salz, Saft von 1 Zitrone

Butter in einer großen Pfanne zerlassen. Die gehäuteten Seezungen auf jeder Seite 3 Min. bei hoher Hitze anbraten. Pfeffern, salzen und mit Zitronensaft abrunden. Sofort servieren.

Tipp

Seezunge „Müllerin" ist immer noch die beste Zubereitungsart. Seezungen haben von Natur aus einen etwas faden Geschmack. Bereitet man die Seezunge mit Gräten zu, kann man nichts falsch machen, und der Fisch wird besonders aromatisch.

Sardine

Für 4 Personen: 8 bis 12 frische Sardinen

Die Sardinen auf den Grill legen. Wegen ihres hohen Fettgehaltes brauchen sie nicht mit Öl eingestrichen zu werden. Jede Seite 2 Min. lang grillen. Sofort servieren.

Rochen

Für 4 Personen: 4 Rochenflügel, Butter, weißer Pfeffer und Salz

Die Rochenflügel unter Wasser säubern und 3 Min. in leicht gesalzenem Wasser pochieren. Das Wasser darf nicht kochen, sondern nur leise wallen. Rochenflügel aus dem Topf holen, abtropfen lassen und in reichlich Butter in einer Pfanne weitergaren. Pfeffern und salzen. Den Fisch aus der Pfanne nehmen und den Bratensaft noch etwas weiterbräunen. Die Flügel auf Tellern anrichten und einen Löffel Butter darüber geben.

Steinbutt

Für 4 Personen: 4 doppelte Steinbuttfilets zu je 150 g (mit Gräte), weißer Pfeffer und Salz, Mehl, Olivenöl

Die Steinbuttfilets pfeffern und salzen und leicht in Mehl wenden. Mit Olivenöl beträufeln und die Filets auf einem sehr heißen Grill gar grillen. Grillgitter verwenden. Sofort servieren.

Tipp

Das feste Steinbuttfleisch mit Gräte kann pochiert werden, eignet sich aber auch zum Grillen.

Kabeljau

Für 4 Personen: Butter, 4 Kabeljaufilets (vom Rückenstück hinter dem Kopf), von 5 cm Dicke und zu je 150 g, weißer Pfeffer und Salz

Butter in einer Pfanne zerlassen und den Kabeljau auf beiden Seiten anbraten. Pfeffern, salzen und für 6 bis 7 Min. in den auf 180 °C vorgeheizten Ofen geben. Herausholen und sofort servieren. Der Fisch muss innen gar, aber noch saftig sein, die Fleischlamellen müssen sich leicht lösen lassen.

Kabeljau

Für 4 Personen: 4 Kabeljaufilets (vom Rückenstück hinter dem Kopf), von 5 cm Dicke und zu je 150 g, grobkörniges Meersalz, 2 Liter Olivenöl

Den Fisch mit dem grobkörnigen Meersalz einreiben und 2 Stunden im Kühlschrank zugedeckt ruhen lassen. Die austretende Flüssigkeit regelmäßig abgießen. Den Kabeljau mit einem sauberen Küchenhandtuch trocken tupfen und eventuelle Salzreste entfernen. Das Olivenöl auf 60 °C erwärmen. Die Kabeljaufilets hineingeben und 3 Stunden lang bei 60 °C konfieren. Danach aus dem Öl nehmen, abtropfen lassen und servieren. Das Öl zieht nicht in den Fisch ein, sodass er saftig und aromatisch bleibt.

Tipp

Sowohl beim Braten als auch beim Konfieren ist es besonders wichtig, dicke und feste Kabeljaufilets aus dem Rückenstück direkt hinter dem Kopf zu nehmen. Dünnere Filets trocknen schneller aus und fallen auseinander. Sie sind eher zum Braten oder Pochieren geeignet.

Entenbrust

Für 4 Personen: 2 bis 3 Entenbrüste, schwarzer Pfeffer und Salz

Die Fettschicht auf der Oberseite der Entenbrust mit einem spitzen Messer kreuzweise bis ungefähr 2 mm vor der Fleischschicht einschneiden. Eine nicht gefettete Pfanne auf dem Herd erhitzen. Die Entenbrüste mit der Fettseite nach unten hineinlegen und auf niedriger Flamme braten. Das Fett soll mehr oder weniger ausgelassen werden, damit die Entenbrust im eigenen Fett braten kann. Die Fettschicht bei geringer Hitzezufuhr 5 bis 7 Min. schön kross werden lassen. Dann Brüste umdrehen. Nun rund 4 Min. die Fleischseite braten. Das Fleisch ist dann rosa oder blutig gegart. Das Fleisch auf beiden Seiten mit schwarzem Pfeffer und Salz würzen. Vor dem Anrichten in Scheiben schneiden.

Entenkeule

Für 4 Personen: 400 g Gänsefett, 8 Entenkeulen, weißer Pfeffer und Salz, Kräuterbund (3 Petersilienstängel, 1 Zweig Thymian und 2 Lorbeerblätter, zusammengebunden mit Küchengarn)

3 EL Gänsefett in einer großen Pfanne zerlassen und die Entenkeulen von allen Seiten darin anbraten. Großzügig pfeffern und salzen. Restliches Gänsefett und Kräuterbund hinzugeben und Hitzezufuhr reduzieren. Zugedeckt 45 Min. schmoren. Die Entenkeulen sollen im Gänsefett konfieren und ganz durchgezogen sein. Entenkeulen danach abkühlen lassen. Kurz vor der weiteren Verwendung herausholen und das Fett weitestmöglich entfernen. In einer nicht gefetteten Pfanne rundum kross braten und servieren.

Tipp

Dies ist die klassische Zubereitungsart für konfierte Entenkeulen, auch „confit de canard“ genannt. Unserer Ansicht nach ist es immer noch die beste Zubereitungsart für Entenkeulen.

Entenleber

Für 4 Personen: 4 Scheiben Entenleber von 2 cm Dicke, schwarzer Pfeffer und grobkörniges Meersalz

Eine nicht gefettete Antihaft-Pfanne auf dem Herd erhitzen. Die Entenleberscheiben hineinlegen und in 2 Min. kross bräunen. Die Scheiben umdrehen und noch einmal 2 Min. bräunen. Die Leber soll auf beiden Seiten schön knusprig und innen sämig sein. Mit schwarzem Pfeffer und grobem Meersalz würzen. Sofort servieren.

Tipp

Entenleber ist kleiner, gelblicher und fester als Gänseleber. Die beste Zubereitungsart ist Braten. Gänseleber zerläuft viel schneller, wenn sie erwärmt oder erhitzt wird.

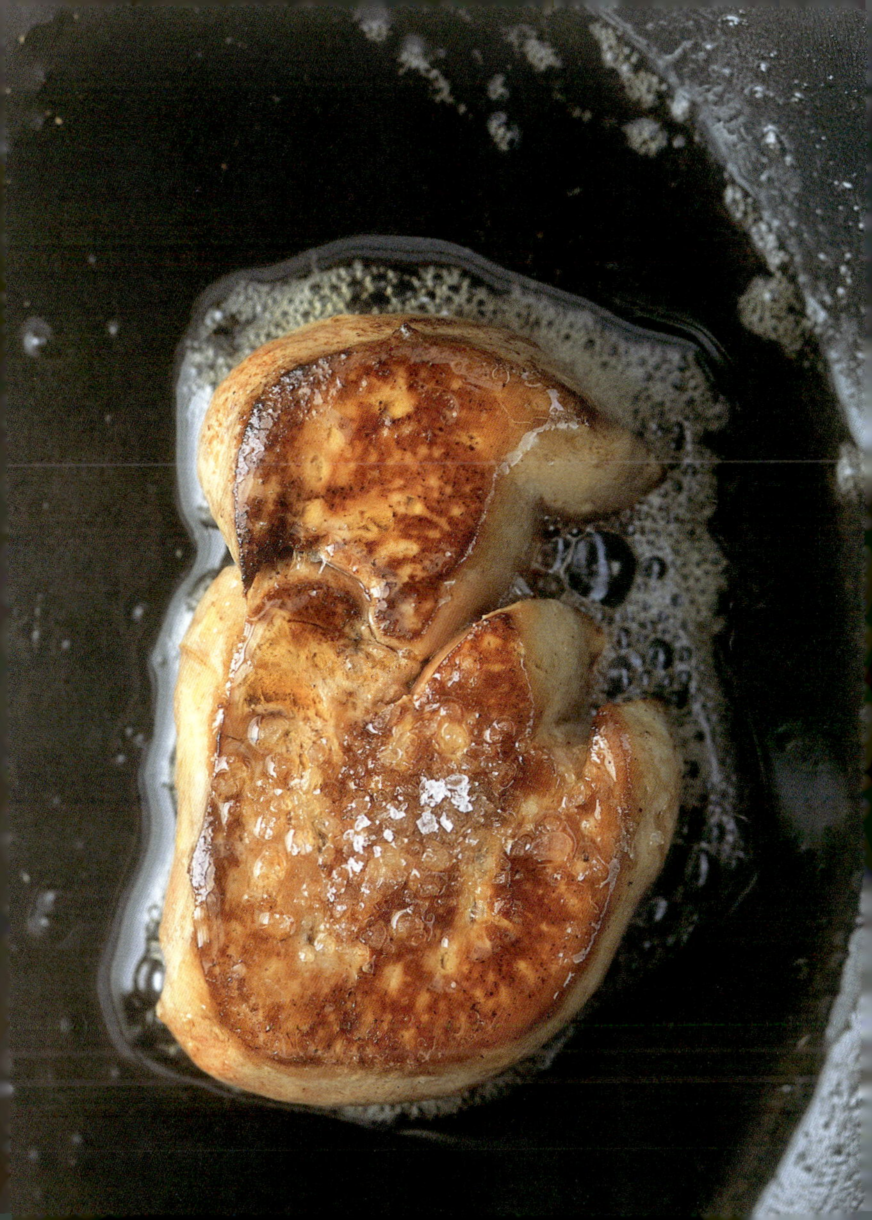

Entenleber

Für 4 Personen: 1 kleine Entenleber, weißer Pfeffer und Salz, 1 Nesseltuch

Die beiden Leberlappen auseinanderziehen und Haut und Adern weitestmöglich wegschneiden. Beide Teile großzügig pfeffern und salzen. Die Lappen wieder aufeinander legen und gut andrücken. In ein Nesseltuch einschlagen und die äußeren Enden wie Papier um ein Bonbon eindrehen. Mit Küchengarn festbinden. Die Leber im Tuch soll nun aussehen wie ein längliches Bonbon. Leicht gesalzenes Wasser zum Kochen bringen und Hitzezufuhr verringern. Das Wasser darf noch leise wallen. Die Entenleber im Tuch 25 Min. pochieren. Das gelbe Fett wird aus der Leber durch das Tuch dringen. Die Leber vorsichtig aus dem Wasser nehmen und abkühlen lassen. Das Fett bleibt am Tuch kleben und zieht nicht mehr in die Leber. Es lässt sich leicht vom Tuch abschälen.

Tipp

Das Nesseltuch dient nur dazu, die Leber zusammenzuhalten und ihr das Fett zu entziehen.

Taube

Für 4 Personen: 4 ausgenommene junge Tauben, Butter, Pfeffer und Salz

Gegebenenfalls überflüssiges Fett von den Tauben schneiden. Butter in einer Pfanne zerlassen, Flamme auf mittlere Hitze stellen und die Tauben von allen Seiten scharf anbraten. Von allen Seiten pfeffern und salzen. Die Pfanne für 12 Min. in den auf 200 °C vorgeheizten Ofen stellen. Tauben regelmäßig mit der Bratenflüssigkeit übergießen, damit das Fleisch schön kross wird. Die Tauben aus dem Ofen und aus der Pfanne holen und mit Aluminiumfolie abdecken. 5 Min. ruhen lassen, damit der Fleischsaft sich wieder im Fleisch verteilen kann. Dann die Brüste mit den Beinen am Knochen entlang von der Karkasse schneiden und umgehend servieren. Ist das Fleisch noch etwas zu roh, die entbeinten Tauben mit der Schnittseite nach oben noch 1 bis 2 Min. unter den Grill legen. Das Fleisch einer auf den Punkt gebratenen Taube sollte rosa sein.

Tipp

Diese Zubereitungsart gilt grundsätzlich für alle Geflügelarten, egal ob Fasan, Gans, Ente oder Perlhuhn. Für größere Tiere gelten natürlich längere Garzeiten. Fasan und Perlhuhn: 30 Min. bei 200 °C, Ente und Gans: 35 bis 40 Min. bei 200 °C.

Huhn

Für 4 Personen: Butter, ein ausgenommenes Brathuhn von 1,2 kg, 1/2 Zitrone, 3 Zweige Rosmarin, 3 geschälte Knoblauchzehen, weißer Pfeffer und Salz

Butter in einer Pfanne zerlassen und das Huhn von allen Seiten anbraten. Die Zitrone in Scheiben schneiden und mit dem Rosmarin und dem Knoblauch in das Huhn füllen. Huhn pfeffern und salzen, auf einen Bratspieß stecken und in den Ofen geben. 30 Min. lang grillen. Regelmäßig mit der Bratflüssigkeit übergießen, sodass es schön kross wird. Danach aus dem Ofen holen und am Tisch tranchieren. Die Zitrone, der Rosmarin und der Knoblauch werden nicht gegessen. Sie dienen lediglich dazu, das Fleisch dezent zu parfümieren.

Huhn

Für 4 Personen: 3 Liter Wasser, 1 Stange Lauch, 2 Stangen Bleichsellerie, 2 Möhren, 1 gespickte Zwiebel (geschält und mit Nelken gespickt), 1 Kräuterbund (3 Petersilienstängel, 2 Zweige Thymian und 2 Lorbeerblätter, zusammengebunden mit Küchengarn), 2 Teelöffel Salz, 1 EL zerdrückte weiße Pfefferkörner, 1 ausgenommenes Brathuhn zu 1,2 kg

Das Wasser zum Kochen bringen. Lauch, Sellerie und Möhren – alles grob geschnitten – sowie die Spickzwiebel und den Kräuterbund hinzugeben. Pfeffern und salzen und wieder zum Kochen bringen. Huhn hineingeben und bei mittlerer Hitze 30 Min. gar kochen. Das Huhn aus dem Topf nehmen, abtropfen und leicht abkühlen lassen. Das Fleisch von der Karkasse lösen und kalt oder warm weiterverarbeiten.

Tipp

Hühnerbouillon durchseihen und weiterverarbeiten.

Gänseleber

Für 4 Personen: 120 g rohe Gänseleber, Pfeffer und grobkörniges Meersalz

Die rohe Gänseleber mit einem großen Messer in dünne, 2 bis 3 mm dicke Scheiben schneiden. Da die Scheiben am Messer haften bleiben, vorsichtig mit den Fingern ablösen. Die Scheiben mit Pfeffer und grobem Meersalz würzen und dieses Carpaccio von Gänseleber sofort mit einem Stück Brot (z. B. Brioche) servieren.

Tipp

Es mag seltsam klingen, aber dies ist die beste Zubereitungsart. Nur so kann man den delikaten Geschmack richtig zur Geltung bringen. Siehe auch Entenleber (S. 208, 210).

Kaninchen

Für 4 Personen: 1 ganzes gehäutetes Kaninchen

Fast alle Teile eines Kaninchens lassen sich zubereiten. Es wird folgendermaßen tranchiert: Erst mit einem scharfen Messer den Kopf abschneiden. Er kann in einem Schmortopf verwendet werden. Dann die Vorderläufe abschneiden. Auch sie eignen sich für einen Schmortopf zusammen mit der Leber und den Nieren, die normalerweise noch am Rücken sitzen. Nun die Keulen oder Hinterläufe von der Karkasse schneiden. Sie schmecken am besten, wenn sie in dunklem Bier geschmort werden (siehe S. 222). Den Rücken mit dem Rückgrat schließlich kann man quer in zwei oder drei Teile schneiden und so weiter zubereiten. Man kann aber auch zwei Filets von der Karkasse schneiden. Diese werden dann in einem Stück in Butter gebraten und danach aufgeschnitten.
Auf dem Foto von oben nach unten: Kopf, Vorderläufe, Rücken, Nieren, Leber, Keulen.

Kaninchenkeule

Für 4 Personen: Butter, 4 Kaninchenkeulen, Pfeffer und Salz, 1 Flasche dunkles Bier, Kräuterbund (3 Petersilienstängel, 2 Zweige Thymian und 2 Lorbeerblätter, zusammengebunden mit Küchengarn)

Butter in einer Pfanne zerlassen und die Kaninchenkeulen auf allen Seiten darin anbraten. Pfeffern, salzen, mit dem Bier aufgießen, den Kräuterbund hinzugeben und zugedeckt auf niedriger Flamme in 25 Min. gar schmoren.

Känguru

Für 4 Personen: Butter, 4 Kängurusteaks zu je 120 g, Pfeffer und Salz

Butter in einer Pfanne zerlassen und die Kängurusteaks bei mittlerer Hitze zweimal 3 Min. auf jeder Seite braten. Pfeffern, salzen und servieren. Das dunkelrote Fleisch muss blutig gebraten werden.

Schweinsfuß

Für 4 Personen: 4 Schweinsfüße, 6 EL zerlassene Butter

Die Schweinsfüße 2 Stunden in eiskaltes, leicht gesalzenes Wasser legen. Wasser alle halbe Stunde erneuern. So werden die Füße von Unreinheiten und Blut gesäubert. Danach sorgfältig abspülen und gut abtropfen lassen. Die Schweinsfüße in Aluminiumfolie einschlagen und in leicht gesalzenem Wasser 30 Min. kochen. Vom Feuer nehmen und Schweinsfüße im Kochwasser abkühlen lassen. Aus dem Wasser nehmen, vorsichtig die Folie entfernen und gut abtropfen lassen. Füße in eine feuerfeste Form legen und leicht mit zerlassener Butter übergießen. Bei mittlerer Hitze die Haut im Ofen auf beiden Seiten knusprig grillen und so servieren. Die fette Haut ist dann knusprig und aromatisch, das gelatineartige Fleisch, das in Stücken von den Füßen gezogen werden kann, ist im eigenen Fett konfiert.

Schweinebraten

Für 4 Personen: Butter, 600 g Schweinebraten, Pfeffer und Salz

Butter in einer Pfanne zerlassen und den Schweinebraten von allen Seiten darin anbraten. Pfeffern, salzen. Einige Stücke Butter darauf und daneben verteilen und in den auf 200 °C vorgeheizten Ofen geben. Das Fleisch in 35 Min. rosa braten. Regelmäßig mit dem Bratensaft übergießen. Aus der Pfanne holen, einige Minuten ruhen lassen und aufschneiden.

Schweinelende

Für 4 Personen: Butter, 600 g Schweinelende, weißer Pfeffer und Salz

Butter in einer Pfanne zerlassen und die Schweinelende von allen Seiten darin anbraten. Pfeffern, salzen und in den auf 200 °C vorgeheizten Ofen setzen. 12 Min. schmoren lassen. Aus dem Ofen holen, einige Minuten ruhen lassen und aufschneiden. Das Fleisch muss schön rosig gebraten sein.

Tipp

Wie alle Lenden oder Filets eignet sich die Schweinelende wegen ihrer länglichen Form hervorragend zum Füllen. Die Zubereitungszeit bleibt dieselbe.

Schweinsnetz

Das Schweinsnetz oder „Crepinette“, so der französische Ausdruck, ist, wie das Wort schon sagt, eine netzartige, marmorierte Haut, die den Darm umhüllt. Es wird in der Küche verwendet, um gemischte Zutaten (insbesondere Fleisch) in eine Kugel- oder Wurstform zu bringen, ohne dass sie beim Garen auseinanderfallen. Beim Garen (vor allem Braten in der Pfanne oder im Ofen) verschmilzt das Schweinsnetz mit dem Fleisch und gibt auf diesem Wege auch Geschmack an seinen Inhalt ab.

Kalbskotelett

Für 4 Personen: Butter, 4 Kalbskoteletts 2 cm dick, Pfeffer und Salz

Butter in einer Pfanne zerlassen und die Kalbskoteletts bei mittlerer Hitze 3 Min. auf jeder Seite braten. Pfeffern, salzen und servieren.

Tipp

Diese Zubereitungsart gilt auch für Schweinekoteletts.

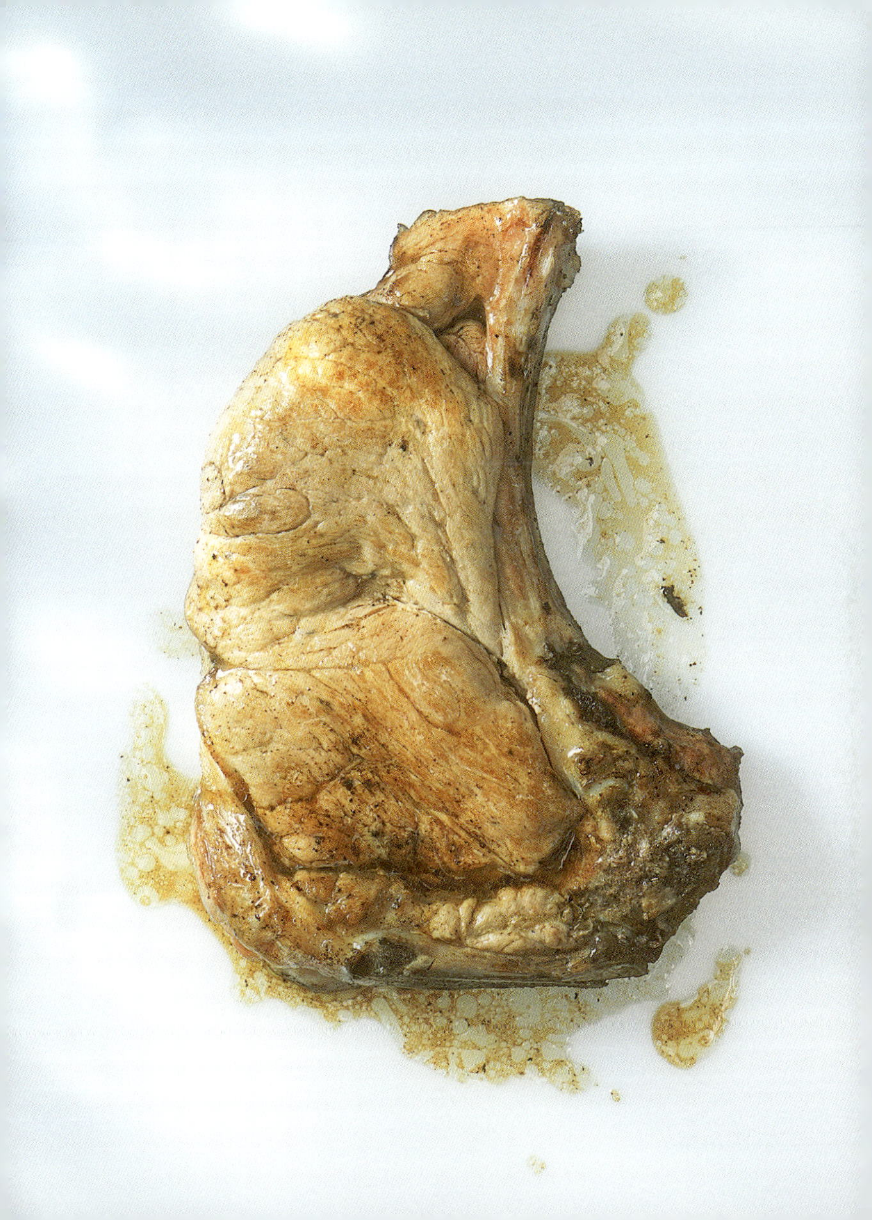

Kalbsnieren

Für 4 Personen: 2 Kalbsnieren, Butter, weißer Pfeffer und Salz

Das Fett unter den Kalbsnieren beischneiden und die Harnleiter weitestmöglich entfernen. Kalbsnieren in zwei Teile schneiden.
Butter in einer Pfanne zerlassen. Die Nieren erst auf der Schnittseite und dann auf den anderen Seiten braten. Pfeffern und salzen. Nun jede Seite noch 2 Min. braten und danach mit der Fettseite nach unten in den auf 200 °C vorgeheizten Ofen geben. 10 Min. schmoren lassen. Dann ganz oder in Scheiben geschnitten anrichten.

Kalbsbries

Für 4 Personen: 2 kleine Stück Kalbsbries aus der Herzgegend, Butter, Mehl, weißer Pfeffer und Salz

Die Briesstücke 2 Stunden in eiskaltes Wasser legen. Das Wasser alle halbe Stunde erneuern, sodass alle Unreinheiten und Blut aus dem Bries gezogen werden.
Die Briesstücke 15 Min. in leicht gesalzenem Wasser kochen. Abgießen, unter fließend kaltem Wasser abschrecken und abtropfen lassen. Das Bries mit einem Kartoffelmesser schälen. Alle Hautstückchen entfernen, ohne das delikate Fleisch zu verletzen. Die schaumige Struktur des Fleisches ist nun gut zu erkennen. Die Briesstücke halbieren, in ein sauberes Küchentuch wickeln und im Kühlschrank gut abkühlen lassen. Butter in einer Pfanne zerlassen. Die Briesstücke leicht in Mehl wälzen und abklopfen. Pfeffern und salzen. Von allen Seiten in Butter kross braten.

Tipp

Das Bries des Kalbs befindet sich im Umfeld des Herzens und im Hals. Halsbries ist länglich und eher flach geformt. Dadurch eignet es sich eher für Schmortöpfe und Kalbsblankett. Herzbries ist ovaler geformt und dicker und eignet sich eher zum Braten. Dieselbe Zubereitungsart empfiehlt sich auch für Lammbries, auch wenn dieses viel kleiner ist.

Steak blau

Für 4 Personen: 4 Steaks zu je 180 g und rund 3 cm dick, Pfeffer und Salz

Butter in einer Pfanne schmelzen und zum Schäumen bringen. Aufpassen, dass die Butter nicht braun wird. Die Steaks hineingeben und darauf achten, dass die Pfanne ganz gefüllt ist. Man sollte lieber keine zu große Pfanne nehmen, damit die Butter an den Stellen, wo kein Fleisch liegt, nicht verbrennt. Das Fleisch 3 Min. bräunen und wenden. Erneut drei Minuten bräunen. Wieder wenden, Hitze reduzieren und das Ganze noch einmal wiederholen. Der Garheitsgrad des Fleisches lässt sich testen, indem man mit dem Daumen darauf drückt. Verschwindet der Fingerabdruck nicht sofort, dann ist das Fleisch blau, also noch roh. Pfeffern und salzen.

Steak blutig

Für 4 Personen: Butter, 4 Steaks zu je 180 g und rund 3 cm dick, Pfeffer und Salz

Butter in einer Pfanne schmelzen und zum Schäumen bringen. Aufpassen, dass die Butter nicht braun wird. Die Steaks hineingeben und darauf achten, dass die Pfanne ganz gefüllt ist. Lieber keine zu große Pfanne nehmen, damit die Butter an den Stellen, wo kein Fleisch liegt, nicht verbrennt. Das Fleisch 3 Min. bräunen und wenden. Erneut drei Minuten bräunen. Wieder wenden, Hitze reduzieren und das Ganze noch zweimal wiederholen, wobei das Fleisch jedes Mal 2 Min. auf jeder Seite braten soll. Der Garheitsgrad des Fleisches lässt sich testen, indem man mit dem Daumen darauf drückt. Ist das Fleisch elastisch und verschwindet der Fingerabdruck innerhalb von 2 Sekunden, dann ist das Steak blutig. Pfeffern und salzen.

Steak durchgegart

Für 4 Personen: Butter, 4 Steaks zu je 180 g und rund 3 cm dick, Pfeffer und Salz

Butter in einer Pfanne schmelzen und zum Aufschäumen bringen. Aufpassen, dass die Butter nicht braun wird. Die Steaks hineingeben und darauf achten, dass die Pfanne ganz gefüllt ist. Lieber keine zu große Pfanne nehmen, damit die Butter an den Stellen, wo kein Fleisch liegt, nicht verbrennt. Das Fleisch 3 Min. bräunen und wenden. Erneut drei Minuten bräunen. Wieder wenden, Hitze reduzieren und das Ganze noch dreimal wiederholen, wobei das Fleisch jedes Mal 2 Min. auf jeder Seite braten soll. Der Garheitsgrad des Fleisches lässt sich testen, indem man mit dem Daumen darauf drückt. Ist kein Abdruck zu erkennen, ist das Fleisch durchgegart. Pfeffern und salzen.

Tipp

Drückt man mit dem Daumen auf das Fleisch, tritt Fleischsaft aus dem Steak. Ist dieser blutrot, dann ist das Fleisch noch blau. Ist er rosa, dann ist das Fleisch noch blutig. Ist er weiß, dann ist das Steak durchgegart.
Die Steaks sollten erst nach dem Garen gewürzt werden, sonst verbrennt der Pfeffer und hinterlässt einen bitteren Geschmack.

Roastbeef

Für 8 Personen: Butter, 1 kg Roastbeef, weißer Pfeffer und Salz

Butter in einer Pfanne zerlassen und das dreieckige Stück Roastbeef auf allen Seiten gut anbraten. Alle Seiten pfeffern und salzen. In den auf 200 °C vorgeheizten Ofen stellen und 35 Min. garen. Regelmäßig mit dem Bratensaft übergießen. Aus dem Ofen holen, mit Aluminiumfolie abdecken und 10 Min. ruhen lassen. Das Fleisch aufschneiden und sofort servieren. Das Roastbeef soll blutig und im Innern noch blau sein.

Rumpsteak

Für 4 Personen: 1 kg Rumpsteak, Olivenöl, schwarzer Pfeffer und Salz, eventuell provenzalische Kräuter

Das Fleisch auf beiden Seiten mit Olivenöl einstreichen. Mit Pfeffer, Salz und eventuell provenzalischen Kräutern würzen und auf den Grill legen. Zweimal 4 Min. auf jeder Seite rösten. In Stücke schneiden und servieren.

Lammkrone

Für 4 Personen: Butter, 3 Lammkronen zu je 175 g, Pfeffer und Salz

Butter in einer Pfanne zerlassen und die Lammkronen auf beiden Seiten darin anbraten. In den auf 200 °C vorgeheizten Ofen setzen und 10 Min. garen lassen. Aus dem Ofen und aus der Pfanne holen, mit Aluminiumfolie abdecken und 5 Min. ruhen lassen. Das rosa gebratene Lammfleisch in Richtung Knochen aufschneiden und servieren.

Lammkeule

Für 6 bis 8 Personen: Butter, 1,2 kg Lammkeule, weißer Pfeffer und Salz, 6 ungeschälte Knoblauchzehen, 4 Zweige Rosmarin

Butter in einer großen Pfanne zerlassen und die Lammkeule von allen Seiten anbraten. Pfeffern und salzen. Den Knoblauch, das Rosmarin und einige Stücke Butter auf und neben die Keule legen und diese in den auf 200 °C vorgeheizten Ofen stellen. 1 Stunde garen lassen. Regelmäßig mit dem Bratensaft übergießen. Am Tisch tranchieren.

Limone

Für 4 Personen: 2 vollreife Limonen

Die Limonen unter fließend kaltem Wasser gut abspülen. Die Schale dabei mit den Händen gründlich abreiben. Nur die grüne Schale mit einem Zestenschneider abschälen. Die feinen Zesten aus roher Limonenschale können sowohl zur Verfeinerung kalter als auch warmer Gerichte verwendet werden und diesen eine frische Note verleihen.

Tipp

Sowohl der Saft als auch die Zesten von Limonen geben besonders viel Aroma und Duft, viel feiner als es bei Zitronen der Fall ist. Im Vergleich zu Limonen sind Zitronen schärfer und saurer.

Granatapfel

Für 4 Personen: 1 Granatapfel

Den Granatapfel in der Mitte durchschneiden. Die saftigen Kerne sitzen in Kammern, die jeweils von vliesartigen Häutchen umgeben sind. Die Granatapfelhälften in Stücke teilen und die Kerne mit den Fingern herausholen. Roh in Salaten verarbeiten oder als kreative Abrundung vor dem Servieren unter gekochten Rotkohl (siehe S. 96) mischen.

Rhabarber

Für 4 Personen: 6 Rhabarberstängel, Butter, 100 g Zucker

Den Rhabarber unter fließend kaltem Wasser abspülen. In 5 cm lange Stücke schneiden. Schälen ist nicht erforderlich. Gekochter Rhabarber erhält durch seine Schale die für ihn so typische braune Färbung. Schält man den Rhabarber dennoch, bleibt der Kompott mehr oder weniger grün. Butter in einem Topf zerlassen und den Rhabarber hineingeben. Nach 5 Min. Zucker hinzufügen. Auf niedriger Flamme zu Kompott kochen. Warm oder kalt servieren.

Kokosnuss

Für 4 Personen: 1 Kokosnuss, 3 dl heißes Wasser

Stecken Sie einen Schraubenzieher in eines der drei weichen „Augen" am oberen Ende der Kokosnuss und schlagen Sie mit einem Hammer darauf. Prozedur beim zweiten „Auge" wiederholen. Kokosnuss umdrehen, damit der wasserartige Saft herausläuft. Nun die Kokosnuss gut festhalten und mit dem Hammer knapp unterhalb der Augen so lange auf die Nuss einschlagen, bis sie in Stücke bricht. Diese eventuell in noch kleinere Stücke brechen und das Fruchtfleisch mit der dünnen, bräunlichen Haut an der Unterseite von der harten Nussschale ziehen. Das weiße Fruchtfleisch kleinraspeln. In einen Topf geben und das heiße Wasser darüber gießen. Zum Kochen bringen und 30 Min. sachte ziehen lassen. Von der Flamme nehmen und abkühlen lassen. Alles durch ein Nesseltuch in eine Schüssel gießen und das Nesseltuch mit dem geraspelten Kokosnussfleisch gut über der Schüssel ausdrücken. Kokosmilch stehen lassen. Auf der Oberfläche wird sich eine dicke Haut bilden, die entweder abgeschöpft oder wieder untergerührt werden kann. Bei der ersten Methode erhält man eine dickflüssige, bei der zweiten eine dünnflüssigere Kokosmilch. Die Kokosmilch kann nun weiterverarbeitet werden.

Tipp

Anstelle von Wasser kann man auch Kuhmilch oder den weißlichen Kokosnusssaft nehmen.

Mango

Für 4 Personen: 2 reife Mango

Auf beiden Seiten rund ein Drittel der Mango der Länge nach abschneiden. Man sollte auf keinen Fall zu nah an die faserige Schicht, die den Kern umgibt, kommen. Mit der Spitze eines scharfen Messers das Fruchtfleisch kreuzweise bis auf 3 mm Richtung Haut einschneiden. Die Schale festhalten und nach unten drücken, sodass das Fruchtfleisch herausragt. So kann man die Fruchtfleischwürfel leicht herauslösen.

Ananas

Für 4 Personen: 1 kleine vollreife Ananas

Kopf und unteres Ende der Ananas abschneiden und die Frucht aufrecht auf die Arbeitsplatte stellen. Mit einem großen Messer die Haut der Ananas von oben nach unten abschälen. So ergibt sich eine schöne eiförmige Frucht, die man dann weiter in Scheiben schneiden kann.

Ananas

Für 4 Personen: Butter, 4 Scheiben geschälte Ananas je 1,5 cm dick (siehe S. 264), 6 EL Zucker, 1,5 dl Wasser

Butter in einer Pfanne zerlassen und gut aufschäumen. Die Ananasscheiben hineingeben, Hitze reduzieren und die Scheiben 5 Min. lang von beiden Seiten braten. Mit Zucker bestreuen und leicht karamellisieren lassen. Ananasscheiben regelmäßig umdrehen. Wasser hinzufügen, wenn der Zucker hellbraun wird, und noch 5 Min. dünsten lassen. Die Ananas mit dem Sirup und vielleicht auch einer Kugel Vanilleeis servieren.

Apfel

Für 4 Personen: 4 Kochäpfel, Butter, beliebig viel Zucker

Das Kerngehäuse mit einem Apfelausstecher entfernen. Mit Butter und einer beliebigen Menge Zucker auffüllen und in den auf 160 °C vorgeheizten Ofen stellen. 20 bis 30 Min. backen. Regelmäßig mit der geschmolzenen Butter übergießen. Sofort servieren.

Tipp

Man kann die Äpfel auch da, wo normalerweise das Kerngehäuse sitzt, mit Butter, Rosinen, Zucker und anderen süßen Gewürzen auffüllen.

Mispel

Mispeln wachsen auf Bäumen und sind hart und ungenießbar. Erst wenn sie einige Male Frost bekommen haben und die Früchte zu Boden fallen, sind sie erntereif. Und auch dann ist das musartige, tief hellbraune Fruchtfleisch zu zäh, um gegessen zu werden. Die Mispeln müssen an einem dunklen und trockenen Platz erst nachreifen, bis sie weich sind.
Von der Mispel ist nur das Fruchtfleisch genießbar. Die Schale und die kleinen Kerne im Innern sind hart und ledrig. Die Mispeln werden aufgedrückt und das Fruchtfleisch wird durch ein feinmaschiges Sieb passiert. So erhält man ein recht troc-kenes musartiges Püree ohne Kerne oder harte Schalenstücke, das weiterverarbeitet werden kann.
Typisch für Mispeln ist ihr ausgesprochen säuerlicher und etwas bitterer, aber besonders aromatischer Geschmack. Ihr reifes Aroma erinnert an den Vin Jaune aus dem französischen Jura sowie an Nüsse - insbesondere Haselnüsse -, Holz, Rosinen, Kokos, getoastetes Brot und sogar Gewürze wie Curry, Muskatnuss und vor allem Zimt. Sie duften leicht nach Lebkuchen, sind aber säuerlicher und bitterer.
Die frischsaure Note verträgt sich ausgesprochen gut mit Zucker. Zutaten oder Zubereitungsarten, die gut zu Mispeln passen, sind Apfelkompott, Feigen, Armer Ritter, Rosinen, getrocknete Aprikosen, Lebkuchen und Vanille.

Quitte

Quitten enthalten viel Pektin und werden traditionell zu Gelee verarbeitet. Wie die meisten Birnenarten weisen sie einen hohen Gehalt an Bitterstoffen auf, die in der tanninhaltigen Schale enthalten sind. Beim Dünsten oder Pochieren werden die Tannine zwar neutralisiert, doch der Geschmack wird nicht richtig süß und bleibt frischsauer. Erstaunlicherweise verfärbt sich das Fruchtfleisch von Quitten beim Garen von weißlich zu rötlich, weil es schnell oxidiert und sich dadurch verfärbt. Aufgeschnittene Quitten werden daher vor der Verarbeitung am besten mit Zitronen- oder Limonensaft eingerieben. Quitten zerfallen beim Garen auch nicht, so wie das die meisten süßen und saftigen Apfelsorten tun. Sie behalten ihre Form, sodass sie auf Tellern schön angerichtet werden können.

Will man Quittengelee kochen, schneidet man die Früchte ungeschält und mit dem Kerngehäuse in Stücke und gibt sie in kaltes Wasser. 45 Min. bis 1 Stunde zugedeckt leise köcheln lassen, bis sie gar sind. Durch ein Sieb abgießen und in einem Nesseltuch ausreichend lange abtropfen lassen, bis das gesamte Pektin aus Schale, Fruchtfleisch und Kernen in den Kochsud gezogen ist. Den Sud mit einer beliebigen Menge Zucker simmern, abkühlen und gelieren lassen.

Tonkabohne

Für 4 Personen: 4 Tonkabohnen, 1,5 Liter Milch

Die Tonkabohnen in der Küchenmaschine oder im Mixer grob zerkleinern. In die Milch geben und auf niedriger Flamme ziehen lassen. Die Milch soll den kräftigen vanilleartigen Geschmack der Tonkabohnen annehmen. Die Milch durch ein Sieb gießen und weiterverarbeiten, beispielsweise zu Pudding, Eis oder Crème Brûlée.

Tipp

Tonkabohnen sind die Samen des Tonkabaums, der in den Regenwäldern des Amazonas in Lateinamerika wächst. Die Bäume können bis zu 30 Meter hoch werden. Die geriffelten schwarzen Bohnen sind sehr hart und im Innern hellbraun. Sie haben ein ausgesprochen vanilleartiges Aroma und werden daher häufig als preiswerter Ersatz für Vanille verwendet, insbesondere um Milch damit zu aromatisieren. Tonkabohnen sind in den meisten Geschäften für lateinamerikanische Spezialitäten sowie im Bäckereifachhandel erhältlich.

Ingwer

Für 4 Personen: 1 Stück frischer Ingwer von 2 bis 3 cm

Den Ingwer mit einem scharfen Kartoffelmesser schälen und fein raspeln. In warmen Gerichten weiterverarbeiten.

Chili

Für 4 Personen: 1 oder 2 Chilischoten (je nach Schärfe)

Die Chilischoten mit einem scharfen Kartoffelmesser der Länge nach in zwei Teile schneiden. Mit dem Messer die Samenkörner und die weißen Scheidewände heraustrennen und nur das Fruchtfleisch weiterverarbeiten. Feinschneiden und in Saucen, Salaten oder warmen Gerichten verwenden.

Tipp

Die Samenkörner und die weißen Scheidewände sind ungenießbar und zudem der schärfste Teil der Frucht. Nach dem Verarbeiten von Chilischoten sollte man sich auf keinen Fall die Augen mit den Händen reiben!

Zitronengras

Für 4 Personen: 1 Stängel Zitronengras (erhältlich in allen asiatischen Lebensmittelgeschäften)

Eventuelle braune Flecken vom Zitronengrasstängel schneiden. Die knollenartige Verdickung am Ende des Stängels mit einem großen Messer flach drücken und das Gras leicht auseinanderziehen. So kann es beispielsweise in Bouillons oder Suppen weiterverarbeitet werden.

Tipp

Das Flachdrücken setzt das zitrusartige Aroma des Zitronengrases frei. Zitronengras ist nicht essbar, da es zäh und faserig, ja beinahe holzig ist. Lediglich dünne junge Stängel können klein gehackt in thailändischen Curry-Gerichten, aromatischen Salaten usw. verwendet werden.

Wasabi

Wasabi ist normalerweise eine Paste aus japanischem Meerrettich. Dieser ist nicht vergleichbar mit der großen dicken gelben Wurzel unserer Breiten, die eher der Pastinake ähnelt (siehe S. 110,112). Der japanische Rettich ist in Europa nur selten erhältlich. Er ist klein und hat eine grünliche Farbe. Er ähnelt einer Erdbirne oder Topinambur (siehe S. 116). Wasabi wird bei uns als Pulver oder Paste angeboten. Er wird aus gewöhnlichem europäischen Rettich hergestellt, dem Maisstärke, Senf und Farbstoffe beigefügt werden. Die in einer Tube abgefüllte Paste kann man so auf den Teller geben, das Pulver muss mit Wasser angerührt werden. Das hierfür erforderliche Mischungsverhältnis beträgt ungefähr 5 cl Wasser zu 5 EL Wasabipulver. Links auf dem Foto: angerührtes Wasabipulver. Rechts auf dem Foto: Wasabi aus der Tube.

Vanille

Die beste Vanille kommt aus Madagaskar und wird „Bourbonvanille" genannt. Diese Samenschoten einer mittelamerikanischen Orchideenart sind dick und besonders konzentriert. Auf den besten Vanilleschoten sitzen Glukosekristalle, die während des langwierigen Trocken- und Fermentierungsprozesses der Vanilleschoten gebildet werden. Frisch geerntet ist die Vanilleschote goldgelb und nahezu geruchslos. Der langwierige Trocknungs- und Fermentierungsprozess macht die Vanille zu einem der teuersten Gewürze der Welt.

Schneiden Sie die Vanilleschote der Länge nach auf. Kratzen Sie mit der stumpfen Seite des Kartoffelmessers das Mark heraus und verarbeiten Sie es zusammen mit den Schoten weiter, beispielsweise um Milch zu aromatisieren (siehe auch Tonkabohnen, S. 274).

Kombu

Kombu ist ein asiatischer Seetang mit großen Blättern. Er wird getrocknet verkauft und normalerweise in Wasser oder Bouillon eingeweicht. Die Bouillon ist die berühmte japanische Dashi-Suppe, die mit unserer westlichen Consommé vergleichbar ist. Kombu enthält viel Glutaminsäure, die freigesetzt wird, wenn man den Seetang in Wasser einweicht. Die Glutaminsäure ist ein Geschmacksverstärker und hat den Geschmack von Fleischbouillon. Sie wird auch industriell hergestellt und heißt dann Mononatriumglutamat (E621).

Genmaicha-Tee

Genmaicha-Tee ist eine japanische Mischung aus getrockneten grünen Teeblättern, Puffmais und geröstetem Reis. Diese Mischung kann als Tee getrunken werden, dient aber wegen ihres bouillonartigen Geschmacks auch als Grundlage für asiatische Saucen.

Gemüse

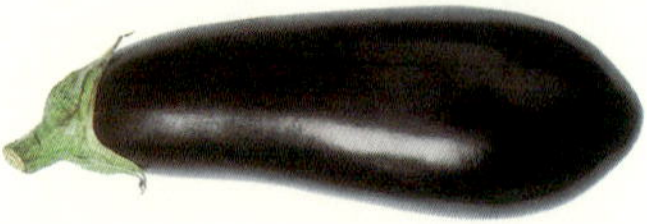

Aubergine, S. 44

Batate, S. 124

Austernseitling, S. 26

Bleichsellerie, S. 94

Avocado, S. 18

Blumenkohl, S. 60

Broccoli, S. 50

Chicorée, S. 102

Bulgur, S. 130

Chinakohl S. 36

Champignon, S. 12

Dicke Bohne, S. 22

Endivie, S. 72

Frühlingszwiebel, S. 30

Erbse, S. 20

Grüne Bohne, S. 80

Fenchel, S. 66

Grünkohl, S. 132

Hopfensprosse, S. 108

Knoblauch, S. 92

Kichererbse, S. 126

Knollensellerie, S. 120

Kirschtomate, S. 84

Kohlrabi, S. 76

Kürbis, S. 136

Mais, S. 90

Linse, S. 122

Meerrettich, S. 82

Löwenzahn, S. 42

Morchel, S. 10

Okra, S. 34

Petersilienwurzel, S. 134

Polenta, S. 138

Paprika, S. 46

Portulak, S. 86

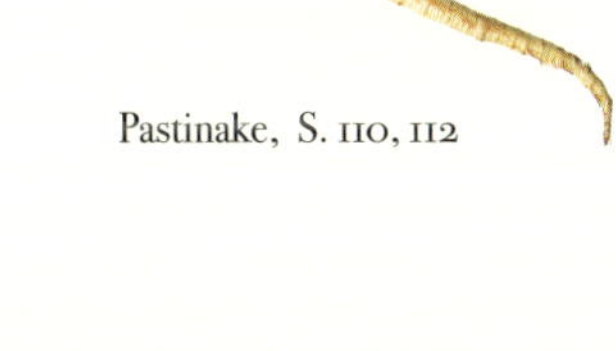

Pastinake, S. 110, 112

Prinzessbohne, S. 62

Quinoa, S. 128

Queller, 3 28

Rosenkohl, S. 140

Rote Bete, S. 64

Rote Zwiebel, S. 74

Rotkohl, S. 96

Salatgurke, S. 52

Spargel, S. 16

Senfkohl, S. 32

Speiserübe, S. 68

Silberzwiebel, S. 58

Spinat, S. 70

Sommermöhre S. 14

Spitzkohl, S. 78

Schwarzwurzel, S. 100

Steinpilz, S. 88

Sommerlauch, S. 48

Tomate, S. 54

Topinambur, S. 116

Wildspargel, S. 40

Weiße Bohne, S. 106

Winterlauch, S. 104

Weißkohl, S. 98

Wintermöhre, S. 114

Wirsing, S. 118

Zuckerschote, S. 24

Zucchini-Blüte, S. 38

Zwiebel, S. 56

Schalentiere

Auster, S. 154

Jakobsmuschel,
S. 156, 158, 160

Flusskrebs, S. 148

Hummer, S. 162

Königskrabbe, S. 164

Krabbe, S. 166

Muschel, S. 150

Langustine, S. 144, 146

Scampi, S. 142

Miesmuschel, S. 152

Fisch

Forelle, S. 176

Lachs, S. 188, 190

Kabeljau, S. 200, 202

Meerbarbe, S. 172

Kalmar, S. 180, 182

Rochen, S. 196

Sardine, S. 194

Seezunge, S. 192

Seebarsch, S. 174

Steinbutt, S. 198

Seeteufel, S. 178

Thunfisch, S. 184, 186

Fleisch

Entenbrust, S. 204

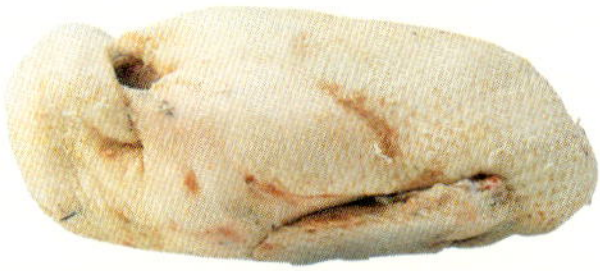

Entenkeule, S. 206

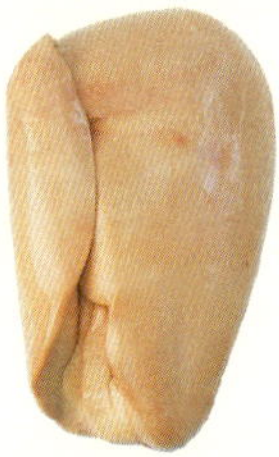

Entenleber S. 208, 210

Gänseleber, S. 218

Huhn, S. 214, 216

Kalbsbries, S. 238

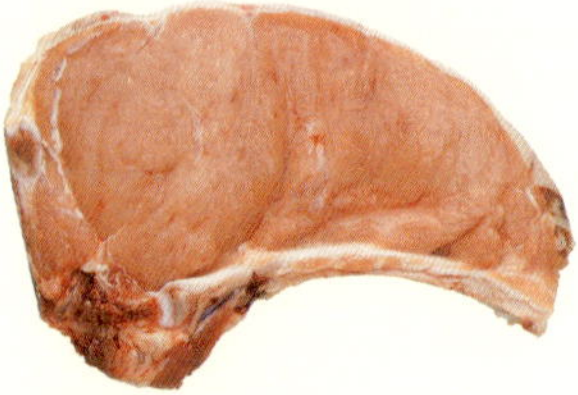

Kalbskotelett, S. 234

Känguru, S. 224

Kalbsnieren, S. 236

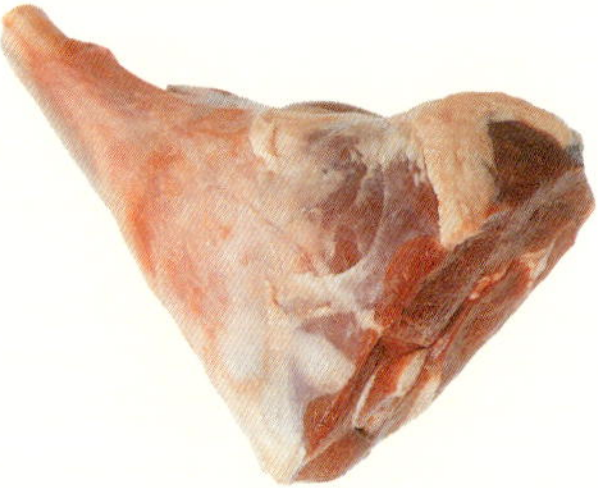

Lammkeule, S. 252

Kaninchen, S. 220, 222

Lammkrone, S. 250

Roastbeef, S. 246

Schweinelende, S. 230

Rumpsteak, S. 248

Schweinsfuß, S. 226

Schweinebraten, S. 228

Schweinsnetz, S. 232

Taube, S. 212

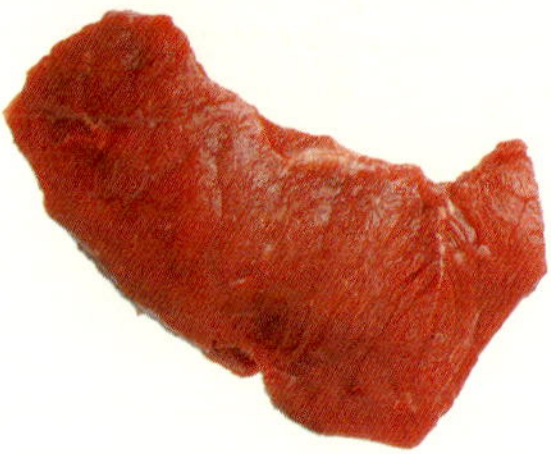

Steak, S. 240, 242, 244

Früchte

Ananas, S. 264, 266

Apfel, S. 268

Granatapfel, S. 256

Kokosnuss, S. 260

Mango, S. 262

Limone, S. 254

Quitte, S. 272

Rhabarber, S. 258

Mispel, S. 270

Gewürze

Chili, S. 278

Japanischer Rettich, S. 282

Genmaicha-Tee, S. 288

Kombu, S. 286

Ingwer, S. 276

Tonkabohne, S. 274

Wasabi, S. 282

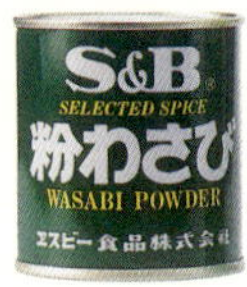

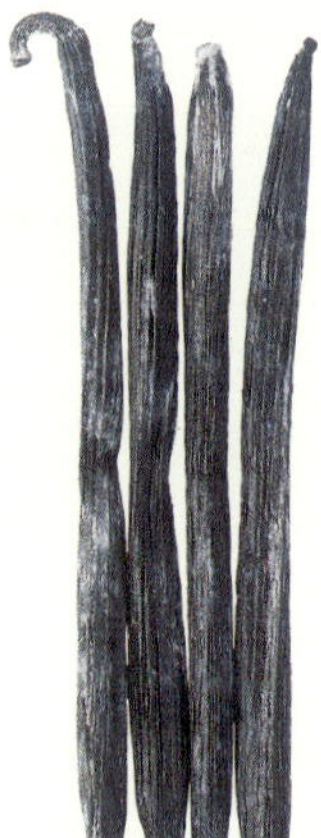

Vanille, S. 284

Zitronengras, S. 280

Anmerkungen

Anmerkungen

Anmerkungen

Anmerkungen

Impressum

Ein Buch des Kochbuchverlags Homarus
Text: Filip Verheyden
Fotos: Tony Le Duc
Schlussredaktion: Marjan Mannaert
Layout: Katleen Miller
Photogravüre und Produktion: Godefroit, Antwerpen
Druck: De Muyter, Deinze

Alexander Franckstraat 26, B-2530 Boechout, Belgien
www.homarus.be // E-mail : info@homarus.be
1. Auflage: September 2007
Titel der Originalausgabe: Het Product. 1. Auflage - September 2005

ISBN: 978 90 77695 56 2
D/2007/10275/3